鹿砦社 LIBRARY 006

寝取られたい男たち

僕たちが愛する女を他人に抱かせる6つの理由

荒玉みちお 著

鹿砦社

はじめに

ネトラレマニアという言葉が一般化したのはいつ頃からだろうか。自分の恋人や奥さんが他の男と浮気をするのを積極的に楽しむ男たちのことである。愛していればいるほどに、パートナーが他の男に抱かれると興奮するという奇妙な趣味を持つ人々だ。

古い常識では、そんな状況は怒りや悲しみであり、パートナーに対する冒涜であり、その後は、最悪であれば別れへと進むのが一般的だと思う。物語の世界でも、寝取られ男は哀れな男として扱われてきた。実際、今の世の中では一昔に比べても不倫という行為に対するバッシングは凄まじいものがある。特に女性の側の浮気には容赦がない。将来有望とされた女タレントや女性代議士に対して世間はしつこく責め立てる。それはもう、社会から抹殺するような勢いで。

有名人に限らないが、こんな場面で女性が亭主を伴って出てきて、その亭主が「いや実は私にはネトラレ癖がありまして」と発言したらどうなるだろうか。「妻が外で他の男とやって、その話を聞くと興奮してしまうんです。いやどうもネトラレ男ですみません」

と三平ポーズでもして、夫婦揃って頭を下げたらどんな展開になるだろう。

「なーんだ、そうだったんだー。だったらそうと言ってくれたらいいのに。なんて羨ましい夫婦なのかしら。私の亭主にも見習って欲しいわ」

と頷く奥様方がいるだろうか。いや、決していない。過去も現在も、そして未来も、そんな世の中は決して訪れないだろう。不貞は重罪であると定めている国家もある。それに比べたら「激しく、しつこいバッシング」で済む日本は、まだ平和だと思う。エロの世界観で見ても、許されない行為という社会的な認識があるからこそ、それを逆に楽しむ人々が存在するのである。それが過剰な世であるほどにエロは盛り上がる。

そんな現実的な視点で考えると「ネトラレが一般化した」と言い切るのは間違いかもしれない。あくまでも「ごく一部で盛り上がっている」とするのが正解だろうか。

本書に登場するネトラレの人々は、素人系投稿のアダルト雑誌『ニャン2倶楽部　Ｌｉｖｅ　Ｗｉｎｄｏｗｓ』（コアマガジン刊／2015年3月をもって休刊）の投稿者たちである。そこでインタビューした記事を再構成したものだ。

アダルト雑誌の世界には、古くから（筆者の知る範囲では30年程前）《素人投稿》というジャンルが存在していた。特にアダルトビデオが進化して、いわゆるＡＶ女優と呼ばれる女性モデルたちが、美しく、可愛らしく進化していくほどに「プロの女が悶えているセックスはつまらない。嘘臭い」と否定する男たちが増えていった。

そこに登場したのが素人系ジャンルだった。雑誌では、エロ業界とは無縁の生活を営んでいる奥様方や独身女性の破廉恥な姿の写真を、黒い目隠しを入れて掲載し、支持を得るようになっていく。特に『ニャン2倶楽部』シリーズでは「妻は凛とした姿で教壇に立ち、ＰＴＡの評判もすこぶるよろしい優秀な女教師ですが、実は私生活では立場をわきまえず……」「僕の彼女はお客様本意で腰を斜め45度に折って懇切丁寧な対応を心がけている老舗デパートの店員なのですが、実は2人きりになると……」などといった状況設定を盛り込んで「実は妻は、亭主の私も恥ずかしくなるほどいやらしい女なのです」と、本当のことなのか妄想なのか判断のつかないリアルな描写で、パートナーを紹介するという誌面作りが読者の支持を得て、瞬く間に増殖していった。

その流れで登場したのが《出張マニア撮影》という手法であった。読者には「自分もそういうことをやってみたいけど、方法がわからない。そんな度胸もない」という人も多かった。そんな需要に応える形で「では、編集部でその状況をセッティングしましょう。奥さんの相手をする男もこちらで用意します」と企画した。反響は大きかった。企画に参加する読者にも、また完成したその誌面を見る読者にも、新鮮な感覚で受け入れられていった。

その企画で読者の奥さん（または恋人）の相手をする《出張マニア撮影隊》の男たちは、実は編集部員だった。プロのAV男優を雇ったこともあった。しかしそれは参加者も、見る読者も受け入れなかったそうだ。象徴的な意見は「できの悪いAVを観ているようだ」と。読者はあくまでも《素人》感覚を求めていたのだ。今考えると、当時の編集部員たちが体を張って作り上げた、一時代の信じられない世界だったと思う。

そんな特殊な世界での連載が終わって数年近くが経つのだが、今ネット社会を中心にネトラレが注目されているということで、今回、新書としてまとめる話をいただいた。この流れは、他者の有り様を過剰にバッシングする世知辛い空気に支配された国を憂い、立ち上がってくれた人々のおかげだと思っている。異論を尊重する人々に感謝である。

目次

強姦される妻に興奮する

貞淑な妻を男とやりまくる理想の女へと変貌させた夫

投稿者 撫子

女体は大地と一緒です。
妻は大勢の男に耕されて
淫靡で肥沃な妻となるのです。

鎌倉時代から続く由緒正しき名家の跡取りとして生まれた男は、少年期に観た映画『エマニエル夫人』（監督ジュスト・ジャカン）に衝撃を受け《寝取られ妻》の魅力に取りつかれた。社会人となり、高校時代のマドンナと結婚することができて、念願の《人妻》を手に入れた。彼はすぐに、その新妻にお願いした。「他の男と寝てくれ」と。地元の名士のお嬢様として育てられた妻は絶句した。そして混乱した。当たり前だが、そんな教育は受けてこなかった。それでも良妻賢母の教育を受けていた彼女は、夫をないがしろにはできないと思った。そして妙案を思いついた。苦し紛れに「お願いですから40歳まで待ってください」と三つ指をついた。夫は妻の発言に不満を抱いたが、愛する妻の意見を受け入れ、それからの10数年を我慢した。その間に2人には子供もできた。順風満帆な平和な家庭を築いていたが、妻が40歳となった日に夫は言った。「さあ、約束の40歳になったよ。お願いしますよ」。妻はそんな約束をしたことすら忘れていたが、乙女だったあの頃よりもさらにしおらしい女になっていた妻は、覚悟を決めて頷いた。

『エマニエル夫人』に衝撃を受けた少年期

ご主人は中学生の頃、悪友と集って深夜テレビの映画枠で『エマニエル夫人』を観たとき、大人社会の真実を悟ったという。

「人妻という生き物は、夫以外の男として、快感を得るんだ」と。

「やっぱり、僕らの世代（昭和30年代後半〜40年代前半生まれ）は『エマニエル夫人』ですよ」

ご主人は、当たり前だと言わんばかりに、いきなり言い放った。

映画の内容を少しさらっておこう。外交官の妻であるエマニエル夫人が、夫の赴任先であるバンコクで、特殊な性癖を持った男に出会い、理性と本性との間で葛藤しながらも、その特殊な性の世界に引かれて足を踏み入れ、妖艶な女に成長していく物語だ。映画の中の男は、性についての自分の哲学を語る。

《文明人の性は複数セックスでなければならない。単数ではなく2人以上の男と肉体関係を持て。それも時や場所を選ばずに。それを私は反・文明のセックスと呼んでいる。そうした性の中にこそ人間の真の悦びはある——》

「まっさらな脳みその状態で、無意識に女体に興味を持っている少年時代ですよ。ファーストインパクトで、あんな映画を観ちゃったら、それはもう寝取られ癖に目覚めちゃうでしょう」

筆者はご主人と同年代だが、平凡な人間のせいか、少年時代に『エマニエル夫人』を盗み観ても目覚めなかった。物語は物語、現実は現実とわきまえてしまう、つまらない人間なのだろう。こういうシーンで目覚めるのも、才能なのだと思う。

「寝取られという言葉と最初に出会ったのは、その少し前ですかね。当時、まだその言葉は一般的ではなかったと思いますが『寝取られ妻』というエロ劇画誌を通学路で拾ったんです。それを学校に持って行って、男子のみんなで回し読みした。先に友達に読ませ、僕は昼休みにじっくり読んでいた。ふと気がつくと、背後に地理の女教師が怖い顔して立っていたんです。没収ですよ」

たまたまその日は午後から保護者参観が設けられていた。そういうタイミングでしでかすのも、また才能のひとつなのかもしれない。

「授業が終わったら、先生が廊下でうちの母親を呼び止めていた。そして〝母さん、ちょっと職員室へ来てください〟。いわゆる呼び出しというやつですかね。それで家に帰ったら

〝寝取られってなんやー！〟と、怒鳴られた思い出がありますね」

　彼にとっては自慢話である。

「そんな経験の中で、妻という生き物は寝取られるものなんだと、刷り込まれていったんでしょうね。そのあと『エマニエル夫人』と出会い、確信したわけです」

　ご主人は、織田信長の時代から続く名家の出だという。家柄を詳しく聞けば、それだけで1時間や2時間が過ぎてしまう。会話の中には、NHKの大河ドラマで主役を張る英雄たちの名前が飛び交う。そんな家系に生まれ育った跡取り息子は、平成の世で《寝取られ夫》となった。

　のちの妻となる撫子さんとは高校の同級生だった。妻は歴史的な名家でこそないが、地元の名士の娘として街では評判のべっぴんさんだった。夫が言う。

「地元の写真館のショーウィンドーに、成人式のときに撮った写真がしばらく飾られていましたね。その頃から人様に晒されていたわけですよ」

　こういう世界に生きる人々に話を聞くことに慣れた人間は、こうした発言に対して苦笑し、何事もなかったかのように次へ進んでしまう。

（しかし、こうして文章にしてみて、ふと思うことがある。もしかすると一般の人々は不思議に思うかもしれない。「なんでこの発言に対して苦笑し、そしてスルーなのか?」と。早めに、少し補足をしておこう）

この世界に耽る人々が求める女性像のひとつに「他人に恥ずかしい姿を見られて興奮する女」という理想像がある。写真館のショーウィンドーに飾られる写真は、一般的にはその店のモデル写真と受け止められると思うのだが、マニアは「自分の恥ずかしい姿（普段とはまるで違う過剰に着飾った姿）を晒されて、他人に辱められている」と受け取るわけだ。もちろん、この分野のエロ特有のシャレである。

処女だった奥様

話を進めよう。高校時代、２人の接点は薄かった。

「彼女は別の男とつき合ってましたから。モテていましたよ。めちゃめちゃ可愛かったから。当時はちぎっては投げ、ちぎっては投げ、と言えるくらいに男が寄って来ていたと思いますよ」

「そんなことはないです。交際した男性もひとりだけで、それも清い交際でしたから」

小柄な妻が、か細い声を張り上げて強く否定した。2人が交際を始めたのはお互いが別々の大学に通うようになってからだった。

「当時、僕は山岳部に所属していて、とにかく山に登ってばかりだった。集中すると、それしか見えなくなる性格なんです。ゼミの教授からも〝君は山に登れば単位をやる〟と言われていた。そんなときです。ある日、山から降りてきたら友達が彼女を紹介してくれたんです」

高校時代には高嶺に咲く花と思っていた女性が、大学生になり、山を降りてきたら目の前で咲いていた。夫は興奮した。

「僕はウブだったんで、女性とのつき合い方を知らなかった。それで紹介してくれた友達が、彼女と会う前にいろいろとアドバイスをくれた。その中で〝女は5分の間が空いたらもう終わりだからな〟と言うひと言が強く印象に残っていたんですよね。だから最初に会った日、ずっとひとりでしゃべりっぱなしだった。もう何時間も。そんなだったからか、彼女にとって僕のファーストインプレッションは《アタマのおかしな人》だったらしいです」

今となっては若かりし頃の笑い話だ。

「それでもなんとか電話番号だけは聞き出して、積極的にアタックをかけたんです」

山に登ることだけに集中していた彼は、その日を境に変わった。

「それまでは山のことばかり考えてたのが、その日から山に登るのもやめて彼女のことばかりを考えるようになってしまいました」

しかし彼女は「あなたに添い遂げます」とは言ってくれなかった。奥さんはそのときの心境を「まだ若かったし、いろんな人を見て決めたいと思っていたから」と説明した。

「でも僕は〝そんなの認めない。それだったらつき合わないのと一緒だ〟と強く迫った。集中したいんですよ。しつこいんですよ」

「束縛が強くて」と奥さん。夫婦ともども、苦笑した。

「まあ自分がそういう主義者だったから。ストイックにひとつのことに集中するという。今は《ネトラレ》に集中していますし」

そんな困った状況で動くのはお節介好きの友達だ。勝手に2人の間に入って来た。

「その友達が頼まれもしないのに、彼女に聞いたらしいんです。あいつのこと、本当はどう思ってるんだ、と。そしたら〝お兄さんみたいな人〟と答えたらしい。それを受けて彼がアドバイスをくれたんです。お兄さんみたいな人なんて言われたらお仕舞いだ、もう別れたほうがいいぞ、と。そんなものかと。だから次に会ったときに別れたんです」

ウブな若者たちの青春群像劇。

「でも結局、ひと月くらいしてヨリを戻しました。なんか彼女にも喪失感みたいなものがあったらしくて。しつこいもんやから、会えばしゃべりっぱなしだったんでね。いなくなって静かになって、何か気がついたらしいです」

話の流れから、実際には奥さんはまだ交際に同意していないのに、ご主人が勝手に暴走していたようにも聞こえるのだが、とにもかくにも、そんな出来事を経て本格的な交際がスタートした。ほどなくして、初めての同衾も滞りなく完了した。

「彼女、男のチンチンは花みたいなものだと思ってたらしいです」

そんな亭主のにやけた発言に「そんなこと言ってないよー！」と、珍しく奥さんが声を張り上げた。

「言ってたじゃーん」

「違う、それは猫の話でしょ！」

「ああそうか、猫ね。そうそう、猫だったか」

　ご主人は納得して頷いた。

「人間のチンチンも猫のチンチンみたいなものだと思い込んでいたって、言ってましたね。うん、思い出しました。何もないように見えて、交尾のときだけニョキッと出てくるような。猫の交尾は見たことあったらしいんでね」

　お互い初めてのセックスだった。

「でも彼女、最初から口でしてくれたんです。そういう間口の広い女なんですよ」

「それはだって……」と奥さんが恥じらう。

「それは？」と聞く。

「それは友達から聞いてましたから。車の運転中でもしてあげているとか」

　いつの時代にも、ウブな美人の取り巻きにはエロ好きのおしゃべり女がいたりするものだ。

転職をきっかけにカミングアウト

そんな青春時代を経て2人は結婚した。その後、一般の夫婦ではあまり見かけない、特殊な遊びが具体化したのは26歳のときだったという。きっかけは夫の《禁欲》だった。

「僕ね、結婚して間もなく転職したんですよ。そのとき研修ということで寮の相部屋に入れられた。半年間もですよ。それで性的にパンパンになってね。新卒の後輩たちはトイレで処理してましたけど、僕は妻帯者だからそんなことねー、沽券が許さない。さすがにもう頂点まで達した感じで、妄想が満杯に膨れ上がって、家に戻ってすぐにカミングアウトしたんです。頼むから他の男とやってくれないかと」

新婚ホヤホヤなのに夫がタコ部屋みたいな空間に閉じ込められていた。そして半年後、帰ってきた夫は半年分の愛を注いでくれるどころか、とんでもないことを言い出した。それまでそんな素振りはまったく見せなかった。それがいきなり「他の男としているところを見たい」と言い出した。奥さんは、そんな性癖を持つ人間がいるということすら知らなかった。当然のように拒絶した。そして、寝込んでしまったという。

しかし、思い込んだら一直線の夫が引き下がるわけがなかった。

「じゃあ性感マッサージというのがあるから、それぐらい受けてくれてもいいじゃないかと。挿入はないから、普通のホテルに来るマッサージに毛の生えたようなものだから……とかなんとか口説いて連れて行ったんです。スポーツ紙のエロ広告欄で見つけてね。結局、最初のそのときは、挿入は未遂で終わりましたけど」

大学時代のエピソードでも推測できるように、着火した夫の炎は天まで燃え盛るか、一気に消えるかのどちらかだ。半年間の禁欲生活の末にカミングアウトした直後だから、当然のように炎は燃え盛った。

「じゃあ次は話を聞きに行こうと。スワッピングの某グループが、これもスポーツ紙に広告を出していたんですよ。そこに〝話を聞きに行くだけだから〟と妻を説得して行ったんです。そしたらもの凄く褒められましてねー。その年齢で、こういう世界に興味を持つとは大したものだ、素晴らしい、ぜひ仲間に入ってくださいと」

そういう世界に若いカップルが興味を持ってやって来ることはほとんどない。だから主宰者が、迷い込んできた若いカップルを褒めるのは当然だった。

「でも雰囲気が微妙でね。ホテルのスイートルームの隅っこで、なんか薄幸そうな女性が背中を向けて座っていたんですよ」

平均年齢を聞いたら40代が中心だと説明された。20代のカップルが違和感を覚えるのも当然だった。

「でも家に帰っていろいろ考えたんですよ。最初は、むしろベテランの方々に遊んでもらったほうがいいだろうと」

それである日、妻を説得してそのルートを使って現場に乗り込んだ。

「前もって計画を伝えると、妻に考える時間を与えてしまう。だから、タイミングは慎重でした。毎日のように言い続け、それで妻が、まあいいかなという雰囲気を出した瞬間に電話したんです。今から行くから紹介してくださいと」

移動の時間はしゃべり通しだったという。

「考える時間を与えてはダメだと思ったんですよ。ノリで行って、その流れでなじませるのが一番だと思ったんです」

しかし結果は芳しくなかった。

「やっぱり恐れていたことが現実になってね。妻が土壇場で嫌がってしまって。結局、機嫌は直らずに、その日の話は流れたんです」

家に帰ってシクシクと泣き続ける妻に、夫は優しく声をかけたという。

「また次、頑張ろう。次に頑張ればいいんだよ」と。

妻は思わず顔を上げた。当然だろう。ここは「ごめん、もうこんな無茶なお願いはしないから」じゃないの？　しかし夫の目には一点の曇りもなかったという。

妻を14年間かけて育成する

「結局、お願い、嫌です、お願い、嫌です、の繰り返しでね」

妻は、落胆する夫を見ていると、自分のワガママが夫を困らせているような気になってきたという。だから妻は、譲歩案を出した。

「そんなに言うのだったら、40歳になったら、してもいいわ」

そんなことはしたくない。でも夫を困らせたくもない。それで、苦し紛れに思いついた先延ばし案だった。夫が言葉を足す。

「彼女、人間は40歳なんていう大人になったら、もうセックスはしないと思っていたみたいです」

「そうなんですよ。とにかくその場を逃げるために言ったんですけど……」

恥ずかしそうにうつむく妻。そのとき2人は26歳だった。

「けど40歳になったら、さあ約束だぞと。眠り爆弾は正確に作動したんです」

うつむく妻の隣で、誇らしげに夫は言い放った。

夫は26歳の時点で、いったんは『エマニエル夫人』の世界観を諦めた。それでもそれは永遠の諦めではない。40歳になるまでの我慢だった。前向きな夫は、そのときの妻の涙と約束を、未来への希望と受け取った。だから、翌日から《その日》のために準備を始めた。

「まず、そういう世界は普通にあるということを、ちゃんと理解してもらわないといけない。それで40歳になるまで、そういうエロ系の投稿雑誌や官能小説など、参考書を読ませ続けたんです。徹底教育！　洗脳ですね」

奥さんはどんな気持ちで読んでいたのだろうか。

「読むくらいならいいかなと」

育ちのいい、素直な女性だった。

ボロボロになった妻に興奮する

ときはあっという間に過ぎ去る。40歳になるまでの14年間の夫の教育は、妻をその気にさせるために役立ったのだろうか。

「彼女は〝心ならずも反応してしまう女たち〟という物語を読み耽ってきたから、そういう女になった。野獣のように……、というわけではない。だからサセ子ではなくサレ子なんです。受動的な、育成型の育てられた女になっていったんです」

約束通り、妻が40歳の誕生日を迎えた直後から、活動は再開された。本格的なデビューの舞台はカップル喫茶だったという。今では規制の対象となって衰退したが、当時はこうしたカップルが集い、その場で相手を探し出す便利な店として流行した、風俗産業のひとつのスタイルだった。

「自分で言うのもなんですけど、店内に入ったら彼女、綺麗で目立っていました」

夫が謙遜して言うが、それは間違いないだろう。美しい上に、清楚なお嬢様的な雰囲気も漂う人だ。その場に集う野獣たちが放っておくはずがない。

「いきなり、ガマクジラみたいな女性がいたんです。あとでわかるんですけど、その店の主みたいな存在だった。それで僕がガマクジラに捕まった途端に、奥から男たちがぞろぞろと出てきて彼女の周囲に集まった。でも僕は捕まってるからコントロールできない。よくある手段だったんですね。これはという未熟な女を連れた男が入って来たら、ガマクジラが男を拘束し、その隙に男たちが女をもて遊んであげるという。そんな初体験でした」

　奥さんは好意的な感想を持たなかった。もちろんだろう。40歳まで待ったとはいえ、そもそも彼女自身は積極的ではないのだ。ご主人も想定外の展開に、ここは違うかなという感想を持ったという。

「カップル喫茶は衛生的に問題ありそうだし、自分でコントロールできないんで、もうやめようと。彼女も、もう嫌だと。それでまあ〝ごめん、悪かった〟ではなく、説得は続くわけです」

ご主人らしい話の展開だ。

「なんかいい方法はないか。そんなときにスワッピングのベテランの方にアドバイスを受けたのが〝他人のセックスを見に行く、見ているだけだから〟と誘えばいいと」

すぐに実践した。撫子さんは渋々ではあるが同意した。しかし当然だが、現場に行ったら話がまったく違った。当時の心境を思い出したか、奥さんが渋い表情で言う。

「服を着たまま、隣の部屋から覗くだけという話だったんです。でも実際には違ったんです」

そんな妻の言葉に対して、夫は自慢げに言った。

「実際には……犯されたんです」

密かな計画が実現した満足感と、そこまで持っていった己の手腕を自慢するがごとく、夫は微かな微笑みを浮かべて言った。

「もともと、他人のセックスを見て興奮して、濡れていたらやっちゃおうという段取りだったんでね。彼女は否定的な言葉とは裏腹に、濡れていた。それで犯されたんです」

奥さんが少しご立腹の表情で言う。

「ホントにもう、わけがわからない。半分、騙されたんです。カップルと単独さんが3人もいたんです」

「単独さん」というのは、この世界で重宝される、文字通りひとりで参加している男性のことだ。こういう趣味を持つ男性は、妻が他の男としているのを見たいという希望を持つ男がほとんどだ。自分が他の女性としたいから参加している、という男は意外と少ない。だから、そうした「妻が他の男としている姿を見たい」と願う男たちばかりが集まると、お互いの妻を持ち寄ったはいいが、行為をする男がいないという展開になってしまう。そこで呼ばれるのが、こういう世界で奉仕するのが好きな《単独男性》なのだ。

「まあね」と、妻の「騙された」との発言を受けた夫が頷いた。

「話が違うじゃない、と。それはいつものことなんでね。それくらいの出血は仕方ない。野望を達成するためにはね。もちろん決定的な要素として、愛情関係がなければダメ。僕の野望につき合ってくれた分、汚したあとは家に帰って愛撫でフォローする。プレイのあとに夫婦のプレイがあるんです。気がつくと、朝になってることもある」

身も心もボロボロになって帰ってくる妻に、夫は徹底的に奉仕するという。

「中心は言葉責めですね。家で言葉責めをするために、外で寝取られプレイをしているところがあるんでね。寝取られは前戯、夫婦のセックスが本番、みたいな。言葉責めも攻撃的なものはしない。〝あのとき糸引いてたな〟とか〝なんか男臭いぞ〟とか。そういう感じですよ。でも彼女、言葉責めの対応がヘタなんです。僕が〝そんなことない、と否定しろよ〟と言ったら、彼女が〝そんなことない〟と言う。僕が命じたことを返すだけの、必殺オウム返しが多いんですけどね」

特に否定することなく、恥じらう奥さんだった。

妻に多くの彼氏を作ってあげたい

そういう体験を経て、妻がスワッピングに慣れたら、夫は次なる野望へと進む。

「ひとつの理想は、妻に彼氏を作らせてその彼氏にブチ込んでもらう、というね。そして自分ら夫婦間では愛撫やそこらで高まるという。そういう性生活なんです。なぜ自分ではブチ込まない？　制約を設けたいんですよ、自分に。制約を作るとより興奮が高まるんで。だから彼女が他の男とやっている最中も、本当はその場でチンチンを握り締めてシゴきたい。でも徹底的に我慢するんです。彼女も、意に沿わなくても亭主の命令で他人にぐちゃぐちゃにされる。そこから解放されたときに、お互いの性欲が合致する。お互いの制約が家に帰って解き放たれるんです」

ストイックな哲学者。

今でも撫子さんには、夫が用意した彼氏があちこちにいるという。そのうちのひとりはイケメンの大学生。

「三浦春馬そっくりなんです」と撫子さん自ら言った。目が輝いている。夫が余裕の表情で言葉を続ける。

「ただ、いつも彼の都合がつくわけじゃない。だから常駐じゃないけど、セコムみたいな彼氏がひとり欲しいんですけどね。呼べばすぐ駆けつけてくれるような。だらだらにならずにセックスのときだけ来て、いい仕事して帰って行くような。そういう彼氏が見つかれば、彼女も綺麗さを保つんじゃないかと思うんでね」

そんな亭主が望む彼氏候補は国内に限らない。

「こういうプレイをするという絵図を描けば、それを達成するためには手段を選ばないんでね。外国人を集めるためにはどうするか、商社マンを口説くんです。そして紹介してもらう。そういう一流企業の商社マンが知り合いの外国人って、けっこうセレブな方々が多いんですよ。ヨーロッパの貴族とか。すでに何人かの外国の方が〝日本の妻はこの人（撫子さん）〟と決めてるみたいで。先々は、港々に彼氏を作りたいですね。いつどの国に行っても泊まるところには困らない、みたいなね」

壮大な夢である。もちろんそれは夫が求めるのロマンであることは言うまでもない。妻は、嫌だ嫌だと言いながら従うだけである。

それにしても、奥さんは本気で拒否することはないのだろうか。

「みなさん、もう集まって……お時間いただいてますから……」

健気な答えが返って来た。それを受けて夫が補足する。

「というか、当日の朝に言うんです。そうでなければ心配性で寝れなかったりするんで。いつも奇襲攻撃です。朝起きて〝もうみなさん、来てるから〟と言われると、断れないでしょ？　だからできるだけたくさん集めたり、遠くの人を呼んだりして、あとには引けない状況を作っておくんです」

夫しか知らなかった奥さんは、40歳を過ぎて世界中の男たちとやりまくる《ネトラレ妻》となった。今までで一番興奮した行為を聞くと、少しためらい、恥ずかしげな表情で「目隠しプレイかな」と言った。

「誰もいないホテルの一室で目隠しされて縛られて、あとから男の人たちが何人か入って来たんです。それでいろんなことをされて……」

「男たちのオモチャにしてあげたんです」

ご主人が微笑んで代弁してあげた。どこの誰かもわからない男たちが、奥さんを汚して去って行ったあと、しばらくして夫が部屋に入って来て目隠しと縄を解いてくれたという。

そんなプレイだった。奥さんも実際にそういう世界に入ると興奮する。言葉では言わないが、肉体は反応するという。しかし「それでも積極的にはなれないです」と発言は否定的だ。結局、最後まで奥さんの口からは、こうしたお遊びに対する肯定的な発言は聞かれなかった。それでも夫は「すべてが夫婦で高まるための《壮大な前戯》に過ぎない」と言う。夫婦間のセックスは変わったのか。奥さんに聞いた。

「それは、やっぱり、こういうことをするようになってからのほうが……興奮します。（夫は）ツボをわかってるんで、本当に感じるところを責めてくれるんで……」

恥じらいながらも撫子さんは言った。もしかすると、本人的には、夫が喜んでくれる発言をしているだけなのかもしれない。しかし、そんな現場を収めたビデオを観ると、奥さんは過剰とも言える悶絶姿を晒して、十分に夫が求める『エマニエル夫人』になっているようにも見える。妻の言葉を受けて、夫が締めた。

「でもそれも、僕だけでは無理なんです。彼女、いろんな男に愛撫されているんで、いろんなところが感じる体になっている。普通の奥さんは旦那だけ。うちはもう、鍬抱えて大勢の男たちが日々耕しに来ますからね。相当に肥沃な大地になってますよ。セックスにおいての男の仕事は百姓と一緒ですよ。耕せば耕すほど、実り豊かな成果を得られる」

肥沃な大地……。淑やか然としていながらも、艶やかな雰囲気を放つ寝取られ妻は、その存在だけで男の性欲を誘うのだろう。

インタビューが終わると、夫婦はこの日もまた《壮大な前戯》のために、都内の某高級ホテルのスイートルームへと向かった。

好色女とネトラレ男の麗しき一致

浮気性の彼女の決定的現場をオカズにする好青年

投稿者 ジュニア&ノンちゃん

彼女のガチな浮気現場を覗きたい。
事前に計画したプレイだと
彼女が頑張っちゃうからダメなんです。

彼は30代半ば、彼女は20代後半。2人がなんとなく交際を始めたのは5年前。特別な愛の告白もなく、周囲に対して交際宣言もしないまま、セックスフレンドのような関係が続いていた。彼は高校までスポーツに熱中する少年だった。今でも見た目は、イケメン体育会系だ。しかし彼は特殊な性癖を持っていた。それは、自分の彼女の浮気現場を覗くこと。普通の男であれば激怒する展開でも、彼にとってそれは《おいしい現場》だった。イケメンの彼氏がいるというのに、彼女はある日、根っからの浮気性を押さえ切れず、彼がいる同じ空間で他の男とやってしまった。彼女は後悔し、彼との別れを覚悟した。しかし彼は何事もなかったように「浮気するときは事前に教えてくれ」と言った。戸惑う彼女に彼は「隠れて覗きたいから」と言葉を追加した。

彼が寝ている隣室で浮気した彼女

見るからに強靭な肉体。しかし男性優位者特有の男尊女卑的雰囲気を醸し出しているわけではない彼は、きっとこれまでもモテたと思う。当然、一夜限りの行きずりのセックスなど日常だったに違いない。実際、彼女（ノンちゃん）と初めてやったときも、いつものお遊びのつもりだったという。

「まあちょっとやって、それで終わりだと思ってました。だけど2回、3回と続き……」

いつしか、2人はカップルになっていた。そんな曖昧な関係が本物の恋人同士とお互いを認め合う関係になったのは2年前。ひとつの事件がきっかけだった。

ある夜、ひとり暮らしのノンちゃんの部屋で、共通の男友達であるA氏を交えて3人で宅飲みをしていたときのことだ。いつものことだが、酒が進むにつれてノンちゃんの目つきは怪しくなっていく。彼と2人で飲んでいるときは、ここらあたりで彼女が甘え始めてセックスへと流れていく。しかし、その日は微妙に空気が違った。彼女がやたらと友人A氏とじゃれ合っていた。普通、自分の彼女が目の前で他の男とじゃれ合っていれば、嫉妬を押さえ切れずに「いい加減にしろよ」と、そんな意思表示を込めた視線を彼女に送るだろう。しかし彼は違った。彼女とA氏がいちゃつくのを見ながら、うとうとし始めたのである。そして「オレ、先に寝るわ」との言葉を残して隣室へと消えた。

「寝た振りだったんですけどね。なんか事件が起きるかなーと期待して」

学生時代はスポーツ一筋、今でも筋骨隆々、かつイケメンの彼は嬉しそうにそのときの状況を語ってくれた。

実際、ジュニア氏の思惑通りに事件は起きた。隣室で飲み続ける彼女とA氏の声が、しばらくするとピタリとやみ、何やら擦れ合う気配に変わった。そしてしばらくすると、微かにではあるが彼女の喘ぎ声が聞こえてきた。恋人が隣室で寝ているというのに、ノンちゃんは他の男とセックスを始めてしまったのである。

彼は微笑みながら言った。

「もし本当に寝てても、目が覚めたと思いますよ。彼女、声が大きいから」

彼氏は隣室で酔い潰れて寝ている……と思い込んでいる彼女は、A氏とのセックスを満喫すると、すっきりした気分でシャワーを浴びに立った。場所は北関東の県庁所在地にある賃貸マンション。ノンちゃんの部屋だった。間取りは2DKで、バスルームに行くには恋人が寝ている隣室の脇を通らなければいけなかった。彼の寝顔を見ながら、忍び足で通過したのは言うまでもない。そしてご機嫌なシャワータイムを終え、再びA氏が待っている部屋に戻ろうと、またこっそりと恋人が寝ている部屋を通過しようとしたら……彼は起きて胡座をかいていた。苦み走った顔で、彼女とは視線を合わせず煙草を吸っていた。

「あっ、ヤバイと思いましたよ。とりあえず落ち着こうと思って」

黒髪の可憐な20代にも見えるが、少し軽そうにも見えるノンちゃんがそのときを振り返る。

「酔いも一瞬で覚めた。むちゃくちゃ怒ってると思ったから。もう隠しようがない。もうダメだって。いや違うんだって。彼氏は寝てるから知らないだろうって。黙っておこうと思って。酔っぱらって周りが見えてなかったんです。ホントに」

結局、その夜は何も語らず、それぞれが勝手に寝て、朝になったら彼は勝手に帰っていったという。ノンちゃんが明るく言う。

「もうダメだと思ってたらしばらくして連絡が来て。それでホテルに行って、普通にセックスして」

スポーツ万能のイケメンである彼だ。従順で貞淑な女など次から次へと寄って来るに違いない。しかし、彼は浮気性の彼女とまた会った。男と女の結びつきのポイントは、他人には計り知れない。

自分が寝ている隣室で、自分の知り合いである男とセックスをした彼女と久し振りに会った彼は、怒りや文句を吐き出す素振りなどまったく見せずにホテルに入り、これまで通りのスタイルでセックスをスタートさせたという。

ノンちゃんは、いつ彼があの夜のことを話題にするか、それとも何も言わずに攻撃的なセックスをしてくるのか、様々なことを空想しながら、彼を受け入れた。

彼はいつもの流れでセックスに入り、静かに問い質した。あの夜の出来事を。友人A氏はどんなセックスをしたか、友人A氏のペニスは良かったか、恋人が隣室で寝ているというのにセックスをして興奮したか……などなど、微に入り細にわたり。

「もともとオレとつき合う前は、派手だったみたいですから」

今彼女は茶髪だが、つき合い始めた頃は黒髪で地味に見える女の子だったそうだ。それでも雰囲気としては派手に見えた。実際に派手に見えたのは、その見た目ではなく男関係だった。大学生のとき、某居酒屋のチェーン店で働いていた頃の話だ。

「バイトの男の子たちと、ほぼ全員（いわゆる穴）兄弟状態で。店長と、違う店の店長と3人でやったこともあります。私の部屋に男が5人来てて、女は私ひとりで飲んだことがあって。そのときは、終電前に当時の彼氏も含めて男3人が帰って、残った2人と……とか」

編集Y氏が「もしかしてノンちゃん……ヤリマン？」とストレートに突っ込みを入れる。

「いや、そんなことないですよ」

わざとボケているとしか思えないほどの真顔で否定し、主張を続けた。

「だってそういうの、店の女の子たち、ほぼ全員そんなだったから」

某有名な居酒屋チェーン店といえばブラック企業の何某を連想してしまうが、ノンちゃんの言っていることが本当なら、男性従業員にとってはブラックではなくむしろホワイトの天国ではないのか。そんなことを考えてしまう衝撃のエピソード。

彼は彼女と初めてセックスした日、彼女のそんな過去を聞いて「オレもそこで働きてぇー！」と叫んだという。取材陣一同、無言で何度も頷いた。

しかし彼はそんなシャレを言いながらも脳味噌の片隅で、何か別の欲望が弾けたようだった。

「彼女、最初はセックスのテクニックは全然なかったんですよ。フェラチオも30秒くらいで終わるし。でもキャリアは派手。過去の男の話を聞いたとき〝それで全部？〟と聞けば〝全部〟と答える。隠し事はないって。でも、あとから新ネタが出て来るんです。たぶん、今でもオレに白状していない話、あると思うんですよね」

「ないない。ないって」

ノンちゃんは強く否定した。彼は寝取られプレイに興味を持っていたわけではないという。だから過去の恋人にもそんなことを求めたことはなかった。しかし初めて《ネトラレ》を経験し、その寝取られたはずの彼女とまた会って、改めてセックスをしてみて、自分の奥底に隠れていた性癖がうごめいたらしい。

「彼、そういう私の昔の話を聞いても、隣の部屋で違う男の人とエッチしても怒らない。普通は怒りますよね。だから、私のこと好きじゃないんじゃないの？　と思って。でもなんか、そんなあとだと興奮してすっごいセックスしてくれるし。でもでも、イライラもしてんですよ。最初はなんなのか全然わかんなかった。今でもよくわからないんだけど」

それに対して彼は「イライラもあるし、興奮もある」と静かに言った。

彼が押し入れに隠れている中でセックスする

この事件以来、もともと（エロの）素質があったノンちゃんは、彼の性癖にリードされてさらに上昇することになる。

「オレが押し入れの中に隠れていて、彼女が男を連れ込むっていうのもやりましたね」

あらかじめ彼女の部屋の押し入れに彼が隠れている。彼女は飲みに行った勢いで、男を部屋に連れ込む。そして隠れている彼氏に覗かれながら浮気をする、という行為だ。寝取られ&覗き見プレイという、かなり特殊なプレイだと思われる。

「私が街で飲んでたら彼氏から電話が来て〝何してんのー?〟って。〝飲んでるー〟って返したら〝だったら誰か部屋に連れ込んでよー。オレ、押し入れにいるからー〟って」

間抜けな会話に聞こえるかもしれないが、性的にはハイレベルな会話だと思う。ノンちゃんは彼氏公認の浮気を敢行した。押し入れに彼氏の気配を感じながら。

「前々から、そういうことしたいとは聞いてたけど、でも普通、信じられないですよね？　だから本当にしたら怒ると思ったんです。けど、怒らなかった。隠しカメラで撮影したのを、あとで何回も観てました」

彼に、興奮したかと聞けば「まあ良かったですね」とサラリと答えた。しかしノンちゃんは「いやいや、スーパー興奮してたよ」と報告してくれた。彼女が彼の興奮の度合いを計るのは、そうした特殊プレイ後のセックス。その《スーパー興奮》を体感したに違いない。

「咳もくしゃみもできないから、押し入れの中は大変なんですけどね」

余裕の表情で彼が言うと、ある意味、献身的なノンちゃんが言葉を足した。

「私もぶっちゃけ、フェラの角度とかは気を遣いますよ」

すると、ジュニア氏は眉間に皺を寄せて首を大きく振った。ノンちゃんの愛が気に入らないらしい。

「だから知らないほうがおもしろいんです。そうやって彼女が気を遣うから」

彼に言わせると、計画的な寝取られプレイは、彼女が彼氏にあらゆる意味で気を遣うから不自然なセックスになりがちだという。言われてみれば確かにそうかもしれない。事前にわかっていれば、AVにある《覗き》というジャンルと同じになってしまう。

だから彼は、こっそりと覗き見することにした。

「私、飲みに行くときはちゃんと彼に電話するんです。あとで怒られるから」

ノンちゃんは彼氏がいながら他の男とよく飲みに行く。そんないけない彼女の発言に対して、彼が微笑みながら言葉を足した。

「彼女、男と一対一で飲みに行くときは、ほぼ間違いなく部屋に連れ込みますからね」

無言でうつむくノンちゃんであった。

彼が求めるのはリアルなハプニング

彼の怒りは浮気そのものではなく《無意味な浮気》に対してだ。男と飲みに行くと先に言ってくれていたら、部屋に忍び込んで覗くのに……ということらしい。飲みに行った彼女が男を持ち帰りして帰宅する前に、合い鍵を使って彼女の部屋で待機する。それで、玄関の外で気配がすると、ベランダに移動して息を潜める。それがひとつのスタイルだ。

「素の状態が大事なんですよ。彼女、俺がいないと思って、ホント、ラブラブ状態で、どっかの知らない男と帰って来ますからね。むかつきますよね」

彼は本気で顔をしかめる。それに対してノンちゃんは口をとがらせる。

「でも隠し撮りした動画、しょっちゅう観て興奮してるじゃん」

ある夜、いつものように彼女が男を連れ込んだ。彼には言っていなかったハプニングである。しかし、その日もしっかりと記録は残っていた。

「次の日だったたか、パソコンを広げて〝ちょっとここに座れ〟って怒鳴るんです。それで現場の動画を観せられて。あれっ、見てたんだ、しまった……ですよ」

彼女の浮気性が暴走モードに突入したのは、素質もあるのだろうけれども「なんか知らないけど、私が浮気すると彼氏が喜ぶ」という現実もエネルギーとなっているようだ。しかも「リアルであればあるほど、彼氏の興奮は増す」という不思議な法則もある。

ノンちゃんは「理解不能～」と天を仰いだ。その言葉も致し方なしか。

「でもこの前のはビックリしました。ベッドの横にいたんです、彼が」

状況説明が必要だろう。その日、彼女は彼に「男と飲みに行く」ことはメールで伝えた。2人の間の約束事だからだ。しかしその前日、彼とは些細なことでケンカしてまだ仲直りしていないという特殊な状況が重なっていた。

「だから今日は来ないだろうと思ったんです」

ノンちゃんの肉体はいつも無防備だが、その日は心も無防備な状態で、男を連れ込んでセックスを満喫した。思う存分、近所迷惑も考えずにベッドの上で声を張り上げていたとき、事件は起きた。

あまりに気持ち良くて身悶えして首を横に振ったら、ベッドの横の床に彼氏が胡座をかき、腕組みをして「チョー不機嫌な顔で座って、睨んでいた」そうだ。ホラー話のような展開だが、あくまでも特殊な2人の世界における実話である。

彼が満足げにその話題を補足した。

「ケンカ中だから、来てるとは思わないでしょう。だから今日はチャンスだと、ベランダで覗いてたんです。それで行為が始まってからそーっと部屋に入って、部屋の隅っこに座って見てたんです。いやー、気づかないもんですね」

距離にして2メートル程度。それだけでもドキドキなのに、なんと彼女は電気をつけっぱなしの明るいセックスをする癖があった。それでもしばらく気づかなかったという。セックスしているときの人間の集中力は凄い。

「でも気づいたんです」

ノンちゃん側からの状況説明だ。

「なんとなく気配を感じて横を向いたら……いた。ちょー焦って。相手の男性にバレたらマズいと思って〝ちょっと電気消すね〟って言って、リモコンで電気を消して……」

セックスはそのまま続き、男は射精した。ノンちゃんは日頃からピルを服用している。だから知らない男とセックスをするときでも、絶頂期が来たら「中に出して〜」と叫んでいるらしい。その日の男も、事前にそれを聞いていたから中で射精した。

「もう、とにかく男の人が気づかないように、私が壁になりながらシャワールームへ移動して、そのまま帰そうと思っていたら、彼が声をかけたんです」

その男はノンちゃんがSNSで引っかけ、その日、初めて会った男だった。無料で中出しセックスまでやってのけた男は、挿入したまま余韻に浸っていた。そのとき薄暗い空間から「何やってんの？」と男の声が聞こえて来た。生きた心地がしなかっただろう。

覗きながら鑑賞し、ビデオで撮った映像を後日また楽しむという、そもそもの趣旨とは違い、その場で声をかけるという掟破りの行為に出た理由を、彼が語る。

「ケンカ中だったから、ちょっとムカついてたのもあってね。何かアクションを起こしたかったんですね。まあ、相手の男は固まってましたね」

それはそうだろう。ノンちゃんが他人事のように頷く。

「そうそう。見る見る真っ青になってね」

そんな場面では、美人局に引っかかったと思って恐怖で引きつるのが自然だと思う。しかし、いきなり登場した黒幕的な男は、無表情で「もう帰っていいよ」と言った。男は慌てて服を着て帰って行ったという。罪なカップルである。もちろん、そのときの動画もすべて残っていて、ジュニア氏の日々のおかずになっているそうだ。

もはや都市伝説レベルのエロ天使

マニアカップルの中には、公衆の面前で淫らな行為を派手に実行して、公序良俗を乱す方々もいる。けれども2人の遊びは、あくまでも密室で、ゲスト（罠にかかったスケベな男）を慌てさせる程度だから健全だろう。

こうした仰天エピソードは多々あるようだが、最後にもうひとつ。

ある日、彼女は地元の駅で見知らぬ男に声をかけられた。大学生になったばかりらしき体育会系の汗臭い青年だった。声をかけられた瞬間に、くだらないナンパだと察したノンちゃんは、目も合わせず無視を決め込んだ。

「ジャージを着た練習帰りの学生さん。駅から駐輪場に向かってるときに声かけてきて。私、ナンパとか超キライだから無視したけど、もうしつこくて、しつこくて」

ノンちゃんは激怒した。それでも学生は「何してんの？　帰るの？　おっぱい大きいね？」などと失礼な言葉を浴びせかけてきた。あまりにしつこいので、もう本気で「ホントいい加減にして！　嫌だって言ってるでしょ！」と激怒して睨みつけたら、男はイケメンだった。心に隙が生まれた瞬間だった。

その後、しつこい押しに負ける形で「じゃあ少しだけね」と、駐輪場の死角で大学生をおしゃぶりしてあげた。想定外だったのは、その男子が逆に緊張して、なかなか射精しなかったことだ。その若い男は「口ではイケない、中に入れたい」と図々しいお願いを要求した。ノンちゃんは、そういう展開で仕方なく「じゃあ向こうでね」と、駐輪場の横にあるビルの非常階段へ移動した。そして、いわゆる立ちバックの体位でセックスをして「中に出していいよ」と、体育会系男子の精液を直に受け入れたという。

「もちろん家に帰って、ちゃんと彼に報告しましたよ」

ノンちゃんは胸を張って言った。凡人としては、そういう問題かよと突っ込みを入れたくなる場面である。報告を受けた彼は、これまたもちろん、こんな局面で激怒するような凡人ではない。

「えー。そんなエロ漫画みたいな世界があるかよ。絶対ないよ。オレを喜ばせるためのウソでしょ。絶対にウソだろー」

それが彼の最初の反応だった。

「信じてもらえなかったんです」

そりゃそうだろう。《駐輪場のフェラチオ女》とか《非常階段の立ちバック・セックス女》などというエピソードは、もはや都市伝説レベルだ。実際にはそんなエッチなお姉さんはこの世界にはいないんだよ、アダルトビデオやエロ漫画の世界の作り話なのだよと、我々は教えられてきたのだ。しかし、そんなエロいお姉さんが、確かにここに存在したのだった。

「それから何回かその大学生には会って、しました。そのときは必ず彼は押し入れかベランダに隠れていました」

ノンちゃんは、まるでガリ勉タイプの優等生のようなコメントで取材を締めたのだった。彼に「失礼ですが、そんなイケメンだったらもっと素敵な女性がたくさん寄ってくるでしょう。なぜ《サセ子のノンちゃん》なんですか?」と質問してみたかったが、やめておいた。なぜなら彼は《ネトラレ》癖の男だから。そんな質問、ナンセンスの極みだろう。

コラム　女をマニア道に連れ込む男たちはどんなタイプなのか

愛する女を他の男に抱かせる男。生まれながらにそんな性癖を持っているのだろうか。そんなはずはない。いろいろと理由はあるのだろうが、その気のない人間が聞いて、一番わかりやすいのがパートナー（彼女または妻）の浮気だ。とりあえず、妻が浮気したと知ると男は激怒する。怒りは治まらない。激しい嫉妬心から暴言を吐くかもしれない。ところが、しばらくするとなんとも経験したことのない感情が芽生えてくる。そんな状況下でやるセックスが、実はとても気持ちいいということに気づく。それを感じた男は、己の嫉妬心こそ性欲を最高に満たす感情なのだと認知する。そんな感情がエスカレートすると、人工的に嫉妬心を沸騰させる手段に出る。自分から進んで「愛する女を他の男に抱かせる」という行為に発展する。ひとつのパターンというか、正統派と言ってもいいかもしれない。

そこまでエスカレートしなくても、つき合った女性の過去に対して、嫉妬するというのはよく聞く話だ。処女喪失の場面から、自分とつき合うまでの男性遍歴を細かく聞き出し、狂ったように嫉妬し、そして気持ち良いセックスをする。そんな男。取材した人たちの多くは本能的な行為、特に理由などないと言うが、中にはそんな理由を明確にする人もいる。投稿ペンネーム・パーティさんもそうだった。

「僕がけっこう……嫉妬深いんです。だから妻が僕と知り合う前に、どんな男とやってたんだろうか、どんなセックスをやってたんだろうかと、どうしても気になるんです」

パーティさんの取材は結婚後のことだったが、それ以前、結婚前の恋人時代に『ニャン2倶楽部』誌の出張撮影を受けていた。インタビュー前、その現場に立ち会った編集部員に話を聞くと、すぐに「殺気立っていました」と答えた。

「彼の嫉妬心がもの凄くて現場はピリピリと張り詰めていましたね。その場で殺傷沙汰が起きるのでは……そんな心配さえしました」

撮影は、男性側の嫉妬心が半端ではない場合や、女性の側がどうしてもそんな状況を受け入れられない場合など、即時中止となることもあるという。いずれにせよ、どんな状況下においても撮影隊は勃起しなくてはならない。凄い人たちだった。

妻が出演するＡＶが最良のオカズ

奥さんがセックスを堪能している間、バスルームで待つ夫

投稿者 プートライ

好奇心と恐怖心のせめぎ合い。
世間にバレないで、迷惑かけないで、
エロいことを慎ましくしたいんです。

30代半ばの仲の良い夫婦。普段はレンタルビデオショップでAVを借りてきて、前戯代わりに2人で観賞したりする。密かな趣味は妻の裸の写真をエロ雑誌に投稿すること。寝取られプレイは望んでいなかった。けれども、編集部に誘われるままに参加したマニア撮影の現場で、妻は普段にも増して気持ち良さそうだった。夫は「俺がいると気が散るかな」と、現場では途中で別室に移動した。実際、その心遣いのおかげか、妻は最高のエロパフォーマンスを披露してくれた。夫は後日、その現場を撮った自家製AV（妻が主演の非売品）を自宅にてひとりで観賞。最高のAVだと思った。消極的だった寝取られ撮影への参加にも「年に一度、妻の大好きなアミューズメントパークに連れて行ってあげるつもりで企画に参加している」と前向きになった。

嫉妬心なんてない

《ネトラレ》という独特の愛の世界に迷い込んだ男たちの中には、心が張り裂けそうな感情を抱きつつも、それを押し殺して妻を他の男とのセックス現場に送り出している人もいる。いわゆる、人工的な嫉妬心製造行為だ。そんな複雑な感情をネタにして自慰行為に励んだり、妙な表現かもしれないが「他の男に抱かれ、汚れて帰って来た妻とのセックス」で、いつも以上の興奮を得ていたりする。一部というよりも《ネトラレ》を好む男たちの多くがそうだと思っていた。ところが、プートライ氏はそんな世界観を最初に否定した。

「いや、そういうの、ないですよ、ホントに」

30代半ばの逞しい肉体を持ったスポーツ系。妻は2歳年下の、小柄で華奢な美しい人だった。

出会いは20歳前後の頃だった。同じスポーツの趣味の世界で知り合い、意気投合して交際を始めて3年後に結婚。その翌年には子宝にも恵まれた。

妻は夫の言葉を受けて頷いた。

「私も、夫に申し訳ないとか、世間的な後ろめたさとか、そういうの、ないです」

夫婦揃って冷静だった。特に奥さんの言動は淡々としている。それでは積極的に他の男とのセックスを楽しんでいるのか？　と聞けば、そうでもないそうだ。

「（夫が）行ってこいと言う。だから出かける。でも自分から積極的に望んでいるかというと、そんなことはないです。なければないでいいです。普通に（夫婦で）してるから、それで満足してますから」

わかりやすい。それではずばり「セックスは好きですか？」と聞く。

「うーん、嫌いではないと思います……。うん、好きだと思います」

清々しい。もともと女々しさは持ち合わせていないという。

「小学生の頃から、女の子よりも男の子と遊ぶことのほうが多かったんです。女の子って裏表があって疲れるでしょう。だから同級生の男の子を相手に、男子の遊びをするほうが楽しかった」

具体的にどんな遊びをしていたのかと尋ねると、ご主人が「彼女、小学生の頃、銭湯を覗いてたらしいですよ」と笑った。それは確かに男子が望む究極の遊びだ。妻も笑う。

「いや、変な感情はなかったですよ。ただ興味本位。実家が銭湯をやってる同級生の男の子がいて、その子の家に遊びに行くと〝今日もちょっと覗いてみようか〟って、裏のボイラー室みたいなところに連れてってくれて。そこで覗いてました。男湯も女湯も」

男子だったら鼻血を垂れる場面だと思うが。

「うーん、どんな気持ちで覗いていたか……。やっぱり、ただの興味本位だったと思います。あんまり詳しくは覚えていないんですけど。興奮？　しないしない」

覗かせてくれた男の子にとっても、いつもの遊びでしかなかった。エロ系の取材としては、興奮した2人がお医者さんゴッコを始める……などといった発展がおもしろいのだろうが、そういうこともなかったそうだ。

中学生になった奥さんは、普通の女子中学生同様に色気づく。といっても、それもおとなしいものだった。

「中学生になると、さすがに男子と遊ぶようなことはなかったです。だけど、女の子でもわりとさっぱりした、男っぽいタイプの子が集まるグループだったような気がします」

これもまた、セックスの話題などで盛り上がってくれたらおもしろいのだが、残念ながら違うらしい。ごく普通の女子中学生だったようだ。

「話題？　なんだろう。普通に恋バナとか。〝誰々とつき合っている〟とかいうより、〝誰々はかっこいい〟とか、そんな感じだったと思います」

女子高生時代も、そんなノリの延長だったという。その後、ご主人と出会って結婚、そして出産。現在は100円ショップで働きながらの子育て、そして亭主とのセックスで満足のいく生活を送っている。

特殊な性癖が育まれた過去もなく、現在はごく一般的なパートタイマー主婦に収まっているというわけで、普通の奥さんと言えそうだ。実際、見た目の印象もそう。こういう世界にいる（夫に引きずり込まれた？）奥さんは、どこかしらエッチな雰囲気を醸し出している人が少なくない。ネトラレ妻の多くは「私は普通ですよ」と言うのだが、実際には大勢の男たちに鍛えられた結果、漂うフェロモンみたいなものを隠せない。ましてこの日のように、インタビューが終わったら見知らぬ男たちとセックスをするという段取りの直前だと、期待感なのか不安感なのかはわからないが、何かしら落ち着きのなさが見えたりするものだ。しかしこの奥さんにはそういう雰囲気を感じない。見た目は小柄だが、度胸の据わった大きな人。自身が「男っぽい性格かも」と言うのも頷けた。

ネットの反応でエスカレート

投稿系エロ雑誌への投稿を始めたのは5年ほど前だった。それ以前にはインターネットの裏掲示板に写メを送っていたという。ほとんどが局部写真だった。

「そういうサイトがあったんです。自分らも面白半分に撮って、送って楽しむようになった。最初は見てる側だったんですけど、飽きるんでね。それで自分らで撮って送ってみようかと。で、モザイクはかかっていない。最高ですよね。そっから常連になった」

奥さんはすぐ承諾したのだろうか？

「そうですね、悪いことに使わなければいいかと。顔は写ってないから大丈夫かと」と、予想通りのクールな返答だった。

「だけど、その裏掲示板がなくなったんですよ。摘発されたんだと思う。ヤベー、俺にも来るか、来るなら来い！　とか思ってたんですけど。でも常識的に、そんなとこまで来ないですよね」

　ネットの裏投稿サイトはなくなってしまったが、密かな楽しみの高揚感は消えない。それで雑誌への投稿という手段を考え始めた。

「拍車がかかって編集部に電話したんですよ」

　コアマガジンの『ニャン2倶楽部』編集部。

「そのとき電話に出たのが編集Hさん。ソフトな口調で丁寧に説明してくれるわけですよ。それで、まあ信用して送ろうかと。もともとコアマガジンさんの雑誌はよく見てました。普通の、ザ・エロ本みたいな雑誌じゃないところがリアルで好きなんです。素人さんがこんなことをやっているのかと。そこがいいんですよ。AVでも、派手な女優さんが出てきてアンアン言ってるものより、素人が好きなんですよね。まあ厳密に言えば、素人モノAVと言われるものも、出てるのは本物の素人さんじゃないんでしょうけどね」

　リアルなエロが好きだという点は、奥さんも一致している。

「高校時代、AVは友達と観ていました。お兄さんのいる友達の家にあったんで。観ながら〝あんたのお兄ちゃん、つまんないの観てるね〟とか評してました」

　この奥さんらしい反応だ。

前戯の代わりに2人でレンタルAVを観ることも多いという。奥さんの好みも素人系。旦那がひとりでレンタルショップへ行き、何本かまとめて借りてきて、それを2人で鑑賞するスタイル。奥さんが言う。

「女の人が積極的に脱いでっていうのは、あんまり、ですね。最初の数分を観れば、だいたいわかるから、ああもういいよって」

奥さんのダメ出しが出ると、旦那は次のDVDをパソコンに入れる。そんな夫婦関係のようだ。奥さんが遠慮なく、淡々と語る。

「でもなかなかおもしろいの、借りてきてくれないんです。つい最近も借りに行って2時間くらい帰って来なかった。やっと帰って来たんだけど、つまんなかった」

旦那は必死に言い訳をした。

「だって情報はパッケージだけですよ。もう手当たり次第、選ぶしかないんですから」

交際を始めてからずっと、そんな素敵な夫婦関係らしい。その中で、投稿という遊びも生まれた。

実際に編集部に電話するまでには、何度も夫婦会議を繰り返したという。

「だって怖いじゃないですか。本当にモザイクを入れてくれるの？　あとでそれをネタに脅されたりしないの？　本当に大丈夫なの？　彼女もそんな感じでね。でもね、変な会社だったら今頃潰れてなくなっているよって話になって。信用できるから今でも続いてるんじゃないのって。だから極端な話、電話したときいい加減な編集さんが出て、いい印象を持てなかったら、やっぱりやめておこうとなった可能性もありますよね。いつも好奇心と恐怖心のせめぎ合いなんです」

奥さんも同調する。

「やっぱり怖いです。自分の写真って、目線が入っていても自分が見ればすぐわかるじゃないですか。だから、誰か知り合いが見たら気づくんじゃないかって心配でした。それくらいでしたね、不安は」

夫は微笑みを絶やさず頷いた。

「そんな感じで心配だったんで、最初はアイマスクをさせて写真を撮って、それを送ったんです。これならどんな技術を使っても外せないだろうと」

そんな初々しい緊張感を持って送られてきた作品だったが、それは編集部を驚かせた。

初心者とは思えないインパクトだったのだ。小柄な奥さんの陰部にどデカい大人のオモチャが突っ込まれていた。編集部によれば《拡張マニア》を想像させる初投稿だったそうだ。拡張マニアとは、大きな異物を女性の陰部に入れるのが好きな人々のことを言う。最初は普通サイズの異物（一般的に売られている大人のオモチャ）を入れ、そこから時間をかけて徐々に大きくしていき、最終的にとんでもない大物を入れて満足感を得るマニアだ。以前、あるAV系のマニア氏から「最終的には自分がそこに入りたいんでしょうね。子宮に帰るというか」と、マザコン的な理由を聞いたことがある。一方で「破壊欲ですかね、女のアソコが壊れるかどうかのギリギリのところまで行く」とサディスティックな発言をする人もいた。その欲求は人それぞれなのだろう。

ご主人の場合はどうだったのか。

「単純に、流れなんですよね。携帯電話が出回るようになってエッチな写メを撮るようになった。デジカメが出てきて、現像に出す必要がなくなった。エロ写真、撮り放題の時代になりましたからね。ネットに流出とかなんだとか、そういう問題はそれからあとに来ることであって、デジカメが普及し出した時代は、そんなこと考えないで撮っていましたから。それでネットのエロ掲示板に投稿するようになって。それが数年間あって、投稿雑誌デビューという流れですからね」

裏掲示板への投稿は、局部のアップ写真だったので、何か工夫を凝らすという方法論がエスカレートしていったそうだ。

「投稿して載せると反応があるんでね。次はもっと太いのを。もっともっと、という感じで」

エロ方面の趣味が夫と似ている奥さんはどうなのか。デカいのを入れるという行為に対して肯定していたのか、否定していたのか。

「まあ、やりたいと言うので。デカいのばかり買ってくるんですけどね」

これに対してもクールな反応だった。小道具はネット通販で買っているが、買うときは夫婦で選んで決めているという。しかし奥さんは不満げだ。

「とにかく、デカければいいと思ってるんですよ。だから〝それはイヤだ。これくらいだったらいい〟とか、一応希望は出します。だけどほとんど私の希望は通ってない。私がこれくらいがいいと言い、主人はわかったわかったと言いながら、届くのは、全然違う、デカいんですよ」

夫は苦笑するのみだった。

何かおもしろいことをやりたい

そんなこんなで雑誌への投稿が1年続いた頃、ある日、ご主人はコアマガジンの編集H氏にまた電話を入れた。

「何か投稿写真のおもしろいアイディアはないですかね？」

そんな内容だったという。編集部によれば、こういうケースはよくあるそうだ。

「やっぱり、もっと楽しみたいんです。でもどんなのを送っていいかわからない。いろいろやって、行き詰まるというか」

対応した編集H氏が提案したのが《出張マニア撮影》だった。編集部が、信頼できる男優などを集めて撮影隊を組み、奥さんを楽しませて差し上げるプレイだ。しかし、その提案にご主人は渋ったという。

「そこまでは……と最初は思ったんですよね」

奥さんは基本的に亭主の感情に従う。亭主が「そこまでは……」と言えば、妻も「そうだよね」と頷く。しかし何かをしたいご主人は、再び編集H氏に電話をした。

「そこで《見るだけプレイ》を提案されたんです」

初夏のことだった。薄着になり始めた頃で、夫婦の気持ちが少し緩んだのかもしれない。

夫婦は揃って編集部が指定したホテルへと向かった。そこには男優を含む撮影隊の他に女性がひとりいた。編集部が雇ったAV系モデルだった。挨拶などを経て、男と女が絡み出す。それを2人で観賞した。

《見るだけプレイ》とは、スワッピングサークルの現場でよく聞く作戦だ。男性側は参加したい、けれども妻が首を縦に振らないという場合に「何もしなくていい。見学するだけだから」と妻を説得して連れて行く。現場に行けば、妻も場の空気に押し切られて参加してしまうこともある。無理強いはしないけれども、先々の可能性を秘めた作戦だ。

ここではカップルの2人とも踏ん切りがつかないため、編集H氏が「他人のセックスを見るだけ」と誘ったのだろう。プートライ氏も「そこまで（マニア撮影）は望んでいない」とは言ったものの、編集部に何度も電話をしているのだから、背中を押して欲しかったのかもしれない。

結果、2人は現場のノリで《ネトラレ》世界に迷い込んだ。男女の絡みを見ているだけだった夫婦だが、撮影が進むにつれ、奥さんは火照った顔で場に入り込んでいった。そして誘われるままに男たちのペニスを触ったり、口に含んだり……。

その日の撮影は、あくまでも《見るだけプレイ》という約束だったので、最後まで奥さんは服を着たままだった。その現場に参加した編集部員の見解は「してもいいかなという雰囲気も感じられた」とのことだった。実際にはどうだったのか。

奥さんは少し考え「そうですね、やれと言われたらやってたかもしれません」と淡々と答えた。

初めての寝取られプレイは、それから1年後のことだった。編集部がセッティングしたマニア撮影。奥さんはいつもクールな印象だが、その現場では白目を剥かんばかりの変貌を遂げ、激しく悶絶していたという。本人は「まあ、良かったです」としか言わないが、かなり興奮したのは間違いないようだった。

その現場でご主人は、自分の愛する妻が他の男とセックスしている姿に耐え切れなくなったのか、別の部屋へ移動したという。

「いや、それは解釈が違います」

ご主人が言う。

「（部屋を移動したのは）最初に言いましたけど、嫉妬心に耐え切れなかったわけじゃないですよ。彼女が、気が散ってるように見えたんですよね。だから、その場を離れたんです。俺としては、その場で見てるより、編集部があとで送ってくれるＤＶＤを観るのが楽しいんです。俺がいないほうが彼女は興奮するし」

奥さんに聞く。亭主がいないほうが興奮するのか？

「まあ、そうですね。視線を感じると。申し訳ないとかそういうんじゃないんですけど、ただ単にそばにいられたら困るような、恥ずかしいような、まあまあ、そんな感じ……ですかね」

やはり、口調はさっぱり感に満ちていた。他人とのセックスを堪能したいから、あなたはこの場にいないでよと、オーラで伝えていたのではないかと想像する。

夫婦と編集部の企画プレイはその後も続いた。その半年後には自称・プロ級を誇る本格的な拡張マニア氏を呼んでの拳交換スワッピングを敢行した。その現場では、ご主人も相手方の奥さんの陰部に自らの拳を入れたという。

「あれは凄かったですね」

　ご主人がしみじみと言う。

「やっぱり、本格的なフィスト《げんこつ》ファックって、ただ単に太いものを入れるというわけじゃないんですね」

　いろいろなテクニックがあるそうだ。このときの奥さんの反応は、また凄かった。

「あとで送ってもらったDVDで確認しました。反応、確かに凄かったですね……。いやDVDの中でそうなんだから現場でもそうだったんだろうけど、でもその場では俺も相手の奥さんの…に手首を入れさせてもらってたんでね。そのことに凄い凄いと興奮してたんで、現場では（妻の反応は）よく覚えていないんですよ」

　ちなみに、家庭で拳を入れることはない。あくまでも特別な日のプレイなのだ。

「撮影用というかね。初期の頃に太いバイブレーターを入れてたのもそうなんだけど、すべて撮影用なんですよね。それ自体に興奮するということは、俺にはない。やっぱり恐怖心と好奇心のせめぎ合いですかね。たとえば山奥で地主の許可をもらって妻を裸にして露出プレイをするというなら、できます。でも人が来るかもしれない公園ではできない。純粋な私生活の延長線上のエロがいいんでね。そこまでは求めていないんです」

だから一般的なスワッピングには興味はないという。

「希望、ないです。基本、編集部と何かやって、あとで送ってもらう、妻が出ているエロDVDがあれば、それで1年はもつんでね」

ご主人は微笑んだ。奥さんは今後も、編集部を通して何かおもしろいことがあれば参加してもいいという気持ちは「ある」と、これもまた淡々とした態度で頷いた。

「夫のために？　まあ、それもあるかな。積極的には求めないけど、たまのイベントだったら、まあいいかなと」

2人とも無茶な行為をするつもりはない。あくまでも編集部をバックにつけてのおもしろい行為ならば「今後もやってもいいと思っている」と。

「世間にバレないで、迷惑かけないで、エロいことを、慎ましくしたいんです。外に出るにしても、年に一度くらい。妻の大好きなアミューズメントパークに連れて行ってあげるつもりで編集部の企画に参加する程度で、満足かな」

取材の締めに、ご主人は穏やかな表情で言ったのだった。

この日の取材はホテルの一室で行われた。インタビューが終わると、そのまま奥さんが主演する新作ＤＶＤ（非売品）撮影が行われた。奥さんは、シャワーを浴び、ベッドの上でバスタオルを取って全裸になった。そこまでは、服を着ているか脱いでいるかの違いでしかない。しかし撮影隊の男たちが、その胸や股間に手を伸ばした途端に変貌した。普段はどこか冷めたようにも見える奥さんだが、艶やかに鳴く別の生き物になった。あくまでも個人的な感想だが、多くのマニア夫婦に話を聞き、そして現場を見てきて、日常（服を着ている普段の姿）と、非日常（夫の目の前で他人とセックスをしているとき）で、これほど違った印象を受ける奥さんはそういない。

ちなみに撮影の間、ご主人はバスルームの中で蓋をした便器に座り、奥さんの艶やかな雄叫びを聞きながら、どこかで拾ってきたらしいフリーペーパーを忙しなくめくっていた。数センチほど開いているドアの中に向かって「ご主人、たまにはライブで見学されてはいかがですか」と声をかけると「いや、いいんです、ホントに。あとでＤＶＤで観ますから、いいんです」と少し頬を赤らめ、微妙に複雑な感情にも見て取れる笑顔で答えたのだった。

コラム　複数プレイに溺れる女たち

この世界でよく言われることがある。それは「男は度胸がないけど、女は一度覚悟を決めると度胸が据わる」ということ。当局の取り締まり強化で、今ではほとんど見かけなくなってしまったが《露出》というプレイでのことだ。

かつては投稿界でも露出プレイが流行した。新宿や渋谷、銀座といった大都会のど真ん中で女性が全裸、あるいは下着だけの姿で歩く姿を写真やビデオに収めて投稿する。女の羞恥心を刺激するプレイだ。

「ほら、みんなに見られているぞ。恥ずかしいだろう。おまえはそんな、はしたない女なんだよ」

などという台詞（言葉責め）とセットのプレイ。これは公序良俗を乱す行為として、取り締まりの対象になっても仕方ない。作る側としても「他人に迷惑はかけない、嫌がる人を無理やりプレイに引き込まない」という、絶対的な不文律がある。それは投稿者も理解している。しかし、それがわかっていてもやりたいというマニアは多かった。投稿は、本来は秘めた大人の遊びの世界であり、ずっとそのスタイルでやっているカップルもいるのだが、とにかく負けず嫌いが多いのもこの世界の特徴だ。

「あの投稿者がこんなことをやっていたから、うちはもっと凄いことをやりたい」

そんなノリで、プレイがどんどん過激になっていくのである。しかしそういう世界において、露出プレイを仕かける側の男（仮にA氏としよう）が「Bさんより凄い計画」を立て、いざ実行する段階になってビビるのだから男心は複雑だ。それに対して一度覚悟を決めた女性は潔い。少なくとも、こうした撮影現場までやってきた女性が「そんなの無理」と、土壇場でNGを出すケースは少ない。ほとんどの女性が「はあ、そうですかー」と気乗りしない雰囲気を醸し出しながら、いざその場では躊躇なくパッと全裸になり、すたすたと歩く。それを見ているA氏は「ううっ」と、自分でその場を設定しておきながら、いざそんな場面になると、耐えられなくなる。締めつけられる心臓を押さえながら、不安感、緊張感、そして興奮という複雑な感情が入り混じった状況で悶絶するのである。ここで女性が他の男と絡むシーンでもあれば、そこに嫉妬心も加わって大変なことになる。いわゆるネトラレ男の典型的な症状だ。実際に、耐えられなくなった男性が、撮影現場で彼女に対して激怒した場面もあった。勝手な男と思われるかもしれないが、ネトラレ男の複雑な心は、本人にしかわからないだろう。

一方で、よく「そんな世界の女性ってどんなタイプの人が多いですか？」と聞かれることがある。自分の理解を超えた人種を、何かしら自分とは違う枠組にはめたがる人々の気持ちもわからないでもない。しかし実際は、ごく普通の奥さん（または彼女）たちだ。何をもって「ごく普通」とするのか。それは見た目と面会したときの印象、としか言いようがない。たとえば、彼女たちと近所のスーパー、子供関係の保護者会などで会っても、他の奥さんと変わりないと思う。若い女性であれば、コンビニやスーパーでアルバイトをしていても、他の店員と変わりなく見えるだろう。

それでも強いて言えば、瞳が輝いているかもしれない。艶っぽい目をした女性。そういう人は美しく見えるから、美人かブスかと聞かれたら、多くのマニア女性が美人と言えると思う。これはしかし、特殊なプレイをしていなくても、毎日のように円満なセックスをしている女性は、それなりに潤いのある瞳をしているような気もするので、マニア、非マニアは関係ないのだろうけど。

いずれにしろそんな普通の女性たちが、こんな淫らな行為をしているという状況が興奮を誘う。そこに賢さが加わると、余計に盛り上がる。そこは官能小説の設定と同じだ。その視点で言えば、彼女たちは男たちが興奮する女性像を演じてくれているだけという可能性もある。読者目線では「非常にまじめで賢くて、エロとは無縁の世界で生きてきた女」という設定が興奮を誘うのだが、現実世界でのマニア男のパートナーである彼女たちの本当の姿はわからない。男と2人だけのときは、まったく変わるかもしれない。取材の席では凛としたエロ賢い雰囲気を醸し出している女性が、男と2人だけになると別人のようにだらしないというケースもあるだろう。

しかし賢くても賢くなくても、いざ現場という場面で度胸が据わっているのは女性のほう……。そんな現実は確かにあったと思う。

夫婦円満の秘訣はネトラレ

寝取られプレイのあと、旦那とするセックスが気持ち良い

投稿者 チェリー

私は撮られるのは嫌なんです。
だけどそのあと、ちょちょぉっとするのが
気持ちいいというかなんというかね～。

あまりに激しい夫の性欲に、夫婦生活を満たされながらも「私だけで済むような人ではない」と、妻は結婚当初から不安を持っていた。ある日、夫はやっぱり浮気をした。狂ったように泣き叫んだ妻の前に差し出された雑誌はスワッピング専門誌だった。こういう世界があるとの提案に妻は頷いた。その後は旦那が入念に準備した場所へ行き、写真を撮ったりビデオを撮ったり。知らない男とのセックスも、そこそこ気持ち良くなってきた。そのうち、気持ちとしては拒否したい現場でも、結果的に存分に楽しめる奥様となった。

寝取られマニアはこだわり派

車は、険しい山道を登って行く。途中、舗装されていない悪道もあったがゴトゴトと乗り越えて行った。大人5人（夫婦2人と取材スタッフ3人）が乗った小型車は、右へグラリ、左へゆらりと揺れて酔いそうである。

「もうちょいですからね〜」

ご主人の軽やかな関西弁で車内が和むのが救いだった。

寝取られマニアは職人的な強いこだわりを持った人が多い。このご主人は特にそうだった。自宅におじゃまするといきなり「じゃ、とりあえず出かけましょうか」と言った。どこに行くかは特に聞いていない。何しろまだ挨拶を交わしたばかりなのだ。勝手に話をしやすいファミレスあたりかと思ったが、何しろ道が険しい。この先、そんな文化的な施設があるとも思えなかった。

陽気な編集Y氏が聞く。

「凄い道ですね〜。ご主人、この車はどこへ向かってるんですか〜」

「ほら、例の写真を撮った場所、以前に見てみたいと言われたでしょう」

「あー、そうでしたね」

それは、どこか茂みの中で撮られた写真だった。十字架のようなものに奥さんが全裸で磔にされているワンショットが雑誌に掲載されて大反響だったそうだ。

「あれは衝撃的でした」

ご主人は笑顔で頷いていた。車中の話題は、もっぱらエロ話。

「獣姦ってありますでしょう。あれに興味がありましてね。裏ビデオの通販でいろいろ買っとるんですけど、その業者が摘発されたのか、カタログを送って来んようになったんです。困ってますわ」

「そんなんばっかりなんです、この人」

奥さんが即座に反応した。

「いやぁ。いつの日にか、こいつと犬をやらせたろうかと思うとるんですけどね」

「嫌やわ、そんなん」

同乗しているスタッフ3人はクックックッと苦笑。エロ系の仕事を長年やっていて思うことのひとつに、エロとお笑いは紙一重という感覚がある。マニア道も究極まで突き進むと、一般人から見たらほとんどギャグのような行為に見えてくる。そんなことを一生懸命にやっているから微笑ましく思えてくるのだ。十字架写真を撮った場所は、ご主人が開拓した秘密の野外プレイスポットだという。夫婦2人で（あるいは単独男性を連れて）、車でこの山道を登っている光景を想像すると（そしてご主人は、目的地が近づくに連れて鼻息を荒くしているに違いない）、またその微笑ましさに苦笑が漏れるのである。

「もうすぐですよ〜」

しばらくすると視界が開けてきた。そこはダム周辺の造成地であるらしく、総合的なグラウンドを造っている途中なのか、青々とした芝生が美しく広がっていた。予算の都合で作業がストップしているのか、それともこれが完成形なのかはわからないが、雑然とした周辺環境とこの清らかな芝生にギャップを感じる。

「その公衆便所で、何度か撮りましたね」

おそらく、普段は誰も使っていないと思われる美しい公衆便所。なるほど、ここならリアルなプレイを堪能できる。ご主人は、現場に来てムラッときたのか「せっかくプロのカメラマンさんに来てもらったんだから、記念写真でも撮ってもらおうか」と言い、ズボンを降ろして奥さんにペニスを咥えさせた。奥さんは「もう、誰か来たらどないすんの」とブツブツ言いながら、カポッと咥える。どう考えても誰か来るような場所とは思えないのだが、奥さんは落ち着かない様子だった。対して、しゃぶってもらって落ち着いたご主人は、「さっ、次の場所、行ってみましょうか」と先頭を切って車へ戻る。

今日の取材の前半戦は、チェリー夫婦のプレイスポットを巡る旅となった。次の場所は公衆便所から車ですぐの場所だった。○○公園と名前がつけられている。なるほど、この山一帯が公園になっているようだ。入り口に車を置き、テクテクと徒歩で山登り。不規則な生活を送っている取材スタッフはすぐに息が切れる。奥さんも「ホントにもう……ぶつぶつ（聞き取れない）」とボヤいている。ご主人だけがスタスタと元気に登って行く。

「ここですわ」

さすがにやや息を切らしぎみに言うご主人。ハイキングコースから逸れ、やや開けた場所には固定された木製テーブルと、長椅子があった。コースの一番手前の休憩所といった雰囲気だった。脇には丸太をくり抜いて造った横長の水飲み場がある。上向きになった蛇口からは水が勢いよく吹き上がる。

「最高の見晴らしですね～」

編集Y氏が笑顔で言った。

「ここでね、つい2週間くらい前やったかな、もうひとり連れてきて野外ファックですわ」

事も無げに言うご主人。

「ここでセックスをしたんですか?」

「ええ。あんまり派手なことはできんのですけどね。テーブルに寝て、グイッとね。証拠を残してまた監視重点区域になったらヤバいんでね、ゴムやチリ紙は藪の中にポイと」

捨てた場所を指差す。

「そんで、ここで洗ってね……おい、ちょっと洗うポーズだけ見せてやれ」

奥さんに指示を出すご主人。奥さんは特に嫌がる風でもなく、スカートをたくし上げて水飲み場の丸太に跨った。そして蛇口を捻ると水が勢いよく奥さんの陰部を直撃した。

「ウォシュレットですわ。ハハハ」

誰もいないハイキングコース。家族連れなどがここで弁当を食べ、手を洗って和やかに過ごすことを想定して造られた休憩所なのだろうが、一連の流れを見ていると、まるで「ここでセックスをお楽しみください」と言わんばかりの整備をされた場所に見えてくる。

「お見事です」

スタッフはそう言う他ない。ご主人が「また監視重点区域に……」と言うからには、どこぞの場所で派手なことをやって、次に来てみたら《監視重点区域》の看板が立てられていた経験があるのだろう。

「ここをずっと登って行くとね、給水塔があってそこでもやったことあるんですけどね。今日は脚立を持ってきとらんから、ちょっと無理ですけどね。有刺鉄線が張り巡らされとるから、乗り越えなアカンのです」

このハイキングコースを、脚立を抱えて登ったというのか！　ふうふうと呼吸を整えている奥さんに「奥さんは黙ってついて行くんですか？」と尋ねる。

「私ですか？　いや〜、もうしょうがないんでね〜」と笑顔で答えた。

「私も仕事しとるんです。それで、終わるのが遅いから（マニアプレイをする）時間が限られとるんですよ。だから、やる、いうときはちょっと早めに仕事を終わってね〜」

亭主の趣味につき合ってあげるというわけである。ご主人は微笑んで「そうそう」と大きく頷いた。

撮影したあとのエッチで感じる

「なんや知らんけど、ちょこちょこちょこちょこ、こういう場所を探して回っとるみたいですよ。いろんなもの抱えて」

奥さんがそう言うと、ご主人は穏やかな表情でまた「そうそう」と頷いて「僕の仕事は、わりと時間の自由は利くんです。だからね、夕方ちょっと早めに仕事を終わってからね」と解説。奥さんがつけ足した。

「草刈ったりしとるみたいですよ」

ご主人がまた「そうそう」と微笑む。藪の中だろうがなんだろうが、ここだと決めた場所があれば、下準備として草刈りなどをして足場をならして女優（妻）の登場を待つ。

「私はだから、（亭主が準備した現場に）行ってちょっとやって、帰って来るんですよ」

下見まではよく聞く話だが、草刈りまでして準備するとは恐るべし。そんなご主人のマニア魂の成果を実感したのが次のスポットである。車で移動中、奥さんに聞いた。

「奥さん自身は、こういう遊びをどう思っているんですか」

「私は嫌なんです」

やっぱり。

「写真撮ったりビデオ撮ったりするのは嫌なんです。嫌だけど、なんて言うんかな、撮ったあと、この人がちょちょっとするんですよ。あれを。それがなんというか、気持ちいいというか」

「興奮する？」

「興奮て言うんかな、普通に家の中でするより気持ちいいんです」

ご主人が「そうそう」と嬉しそう。しかし奥さんは「嫌」という部分を強調する。

「ほんと嫌なんですよ、写真は。誰かに見られたらどうしよう、いうんかな。落ち着かんのですよ。この人は〝雑誌を見てる人が、ビデオを観てる人が〟と見てる人のことばっかり言うんですよ」

サービス精神旺盛のご主人は、読者に楽しんでいただくことを念頭に置いてマニアプレイに精を出しているらしい。立派な人である。スタッフが「とはいえ奥さん、その撮影が終わったあとにはご褒美セックスがあり、それがいつもとは違う快感になっているんですよね？」と確認すると奥さんは「まあ、そうなんです……けどね」と渋々頷いた。しかし愚痴は続く。

「でもね、どんな山奥にでも人はいます。いない場所なんかないですよ。普通にちょっと山の中に入ったところやったら犬の散歩してる人がおるし、すっごい山奥でも山歩きの人がいるんですよ、ホントに。いつ誰に見られるかハラハラドキドキでねぇ、もう」

ドキドキ感、罪悪感の中でのプレイで興奮しているらしい。まさに旦那の思う壺。奥さんは投稿系のエロ雑誌はまったく見ないという。

「見たらお仕舞いやと思うてるんです。なんというか、見たら現実に引き戻されて、もうできんようになると思うんです」

鋭い感覚の持ち主だ。雑誌を見ないから、ハラハラドキドキしたあとのエッチでいつもと違う興奮を感じる、その状態こそマニア妻の第一歩だということを知らない。そういう型通りの納得をしないから「なんか知らんけど、気持ちいい」という感覚をいつも新鮮な状態で保っているのかもしれない。

車は、また違うハイキングコースの入り口まで行き、車道からちょっと脇へ入る山道の、入り口のところで止まった。

「ここはちょっと久し振りやからねぇ……」

ご主人はそう言って車を降りた。我々も降りる。山道ではあるらしいのだが、草がぼうぼうに生えている状態で、そこに道があることさえわからない。ここ数カ月、誰もこの道を通っていないのが一目でわかる。ご主人は、いつの間にか虫除けスプレーを手に持っていた。

「これがないと、ここは入れませんよ～」

と言うが早いか、奥さん、取材スタッフ、そして自分という順番で、みなの露出している肌すべてにプシューとスプレーして回った。奥さんはここで運動靴に履き替えた。準備万端、いつでもどうぞといった態勢だ。

「さあ、行きますよ～」

ご主人が先頭になり、草むらの中に入って行く。これがプレイの場合、数日前にロケハンし、そして草刈りして足場を整え、危険カ所をチェックして、プレイ当日、奥さんを迎え入れるのだろう。

「もう、かなわんな〜」

奥さんは何やらぶつぶつ言ってるようだった。草むらを抜けると、目の前に廃屋が現れた。そばには立派な蔵がある。ほとんど幽霊屋敷の雰囲気である。かつての地元の名士のお屋敷といった風情だが、没落したのだろうか。そばにまたしても《監視重点区域》の立て札があった。ご主人がそれを指差し微笑んだ。

「さっ、先へ行きましょう」

ご主人が草をかきわけて毅然と言った。

「えっ、まだ上がある?」

心から驚き、スタッフからそういう声が出ると奥さんが言った。

「かなわんでしょう。いつもこうなんです。私は体力不足で山登りは苦手と、いつも言うとるんですけどね〜」

奥さんのぼやきがはっきりと聞こえているはずだが、ご主人はかまわず山を登った。

そこにはもはや道はない。茂みをかきわけ、かきわけしてしばらく行くと、風景は広葉樹の密林地帯へと様変わりした。生い茂る木々のせいで陽光が入り込まないから、もう草も生えていない。

我々はザクザクと登るチェリー隊長の後ろを追うしかなかった。真夏日の取材だったが、森林の中は実に心地良い。前人未踏の地、と言われても頷いてしまいそうな山を踏み進む隊長が、疲れた表情など微塵も見せずに言った。

「現実問題ね、真夏は野外ファックなんかできません。蚊が多いからね。かと言って冬は寒いし日が短いからね。寒いときは、こいつの顔が強張って怖くなるからしません。だから秋春くらいしかできないんですわ」

何分くらい歩いただろうか。光が差し込む、やや開けた場所に出た。自然は正直だ。太陽の光を受けるその場所だけ、草が生い茂っている。そこにひっそりと横たわるクロスになった角材があった。直径15センチ、長さ2メートルほどの角材を組んだ十字架である。

「これですわ」

「おおっ、これですか〜」

編集Y氏が喜んだ。実はこれを見るために、ここまで登って来たらしい。何も知らない山歩き中の熟年夫婦が「ちょっと休憩、おお、ちょうどいいところに倒木があった、いやちょっと待て、これは倒木ではないぞ……角材ではないか……ななななんと、十字架ではないか！」という展開になったら腰を抜かすに違いない。

「これをここまで持って来たんですか？」

そう聞くとご主人は「そう」と事も無げに言った。まさか！

「これをそのまんま抱えて？」

「まさか。それじゃ殉教者ですわ。近所の人から見たら、なんや知らん、ごっつい角材を2本抱えた男が山に入っていったで〜くらいしか思わんかったんちゃう？」

ご主人は、2本の大きな角材を抱えてこの場に入り込み、組み立てて（ちゃんと縦横を嚙み合わせてある本格的な十字架だ）釘を打ったという。

「ここ、ええでしょう」

嬉しそうなご主人。

「いいですね〜。森林浴にもなる。他にいろいろ小道具が揃ったら、マニアのプレイパークにもなりそうですねぇ。さすがに、ここまでは他人は来ないでしょうしね」

しかし奥さんは、とんでもないと言わんばかりの口振りで反論した。

「いろんな山に行きました。けど、どんな場所にでも必ず人間がいます」

妙に説得力のあるお言葉である。

凄いものを見せてもらったという満足感で我々は山を降りた。来たときと同じように、道なき道を進み、そして草むら抜け出して、まっとうな道に出た途端に、散歩途中の老人に出くわした。向こうもこちらもギョッとした。お互い、なんとなくの会釈でやり過ごしたあと、奥さんがまるで怪談話でもするかのように声を潜めて「ほらっ、おるでしょ。どんな場所にも必ず人間がおるんです」と言った。

全国のマニアから地方の名産品が届く

車は家が密集する町へ出た。行きはずいぶんと時間がかかったような気がしたが、帰りは早かった。距離的にはそう遠くない場所だったのだ。野外露出プレイの基本は、自宅から半径10キロメートル以内の場所だという。奥さんが言う「ちゃちゃちゃちゃっと行って、ちゃちゃっとやって帰ってくる」プレイをやるにあたって、その奥さんが不機嫌にならない範囲がこの程度ということだろう。

国道沿いのカラオケボックスで部屋を取り、改めて話を聞くことに。夫唱婦随のマニア道は、スワッピングから始まった。

「10年くらい前になるかな、スワップ誌で相手を募集したんです。当時はおとなしい写真ばかりですよ。後ろ姿とか、顔隠したりとかね。そのうちだんだんね、この人には負けんぞとか（他の投稿者に対して）変なライバル心を持つようになってね。だんだんね」

ハードマニアになっていった。奥さんは、わりと最初から達観していたようだ。

「そういうことが目的というのはちゃんと言われました。隠してするような人じゃないから。本当にエッチが好きな人なんですよ。凄くエッチが好きな人なんで、私もそれに感化されたんかな。なんというのかな、結婚して私だけで済むような人じゃないというのが、結婚して何年か経ってだんだんわかってきて。ある程度ね、家庭に支障がない程度ならいいかなと。私は、まあそれなりに楽しめればという感覚やったんでね」

結婚して5~6年後のことだった。奥さんが話を続ける。

「エッチ好きな人ってわかってたんだけど、ある日……夫婦生活のことをあんまりしゃべっちゃアカンのやけど……浮気をしたんですね、この人が。それまでは私も普通の奥さんみたいにキャンキャン言うてたんやけど、こっちの世界（マニア界）に来てからは浮気もせんようになったし。もうキャンキャン言うてもしゃあないなと。それまではあんまりエロい人ではなかったんですけどね。普通にエッチな人やなあという程度やったんですけどね。だから始めた頃は、まだエロさは目覚めてなかったと思うんです。浮気がきっかけというか、終わってからやな、それからこっちのほうにハマり出して、エロくなっていったんですよ」

写真を撮られる。他人とセックスをする。そういうことに抵抗はなかったのか。

「まあ2人ですることやから別にいいかと。私もぶつぶつ言いながらしてるんやけど、なんとなく流されてここまで来てるいうか。夫婦やからケンカすることもあります。ボヤくんです。ボヤいて乗り切ってるところ、ありますね。だから（野外プレイの現場に）行くまでにね、ようボヤくんですよ。そのうちに、まあいいかと」

愚痴は、プレイをする前の奥さんなりのルーティンワークなのかもしれない。

「そうすると、奥さん自身も楽しんでいないわけではない？」

「うん。さっきも言いましたけど、写真は嫌ですよ。けどそのあとにエッチというか、気持ちいい快感というかなんというか、あとの楽しみがあるんでね」

〝こっちの世界〟に慣れているからだろうか、エロい話に過剰な恥じらいを見せることはない。自然体だ。

「見つかったらどうしようと、写真を撮られること自体に興奮することはない？」

「まだエロさ（露出プレイなど）で気持ち良さを感じたことがないんですけど、そのあとに、ささっと短時間でするんですよ、この人が。そっちの気持ち良さのほうがいいかな。私もね、この人に慣れてしまったからか、ベッドで同じことを長い時間やられるの、あんまり好きやないんです」

愛をささやかれたり、ねっとり舐め回されたり、指で執拗にいじられたりする、いわゆる一般人がやるような愛撫行為より「ささっと写真を撮って、ささっと短時間でハメる」プレイのほうが気持ちいいということだろう。立派なマニア妻ではないか。

「条件反射というか、旦那さんが草刈りに出かけると、そろそろ出番かと期待する？」

「どうなんでしょう。私は体ひとつで行くんです。この人は小道具いっぱい持って行くんです。私はそんな面倒なことするのはイヤや言うてるんですけど。だからこの人、編集者からカメラマンから男優からみんなひとりでやるんですよ」

　ご主人が「どうせするんやったら、写真を撮らないともったいないような気がしてね」と笑った。マニアの性だろう。

「あと、間が持たない。他の男が入った3Pとか特にね。だけどカメラを向けると緊張して起たない人もいますからね。3人にひとりはいるかな。さっきも言うたんですけど、起たない人に限ってしつこい。舐めたり手を入れたり。なっ？」

　奥さんが頷いて反応した。

「手際良く……のほうが、いいです」

「それは、こっちの世界に来る前から、そういうセックスをしてたんですか？」

　ズバリの質問に「そうそう」とご主人は頷き、そして「さくさく、お茶漬けみたいに」と笑った。一同、爆笑。場を盛り上げるのがうまい人である。

「最初にスワップ誌で相手を募集して、反応はどうだったんですか?」

「あのね、さばき切れないくらい回送の手紙が来るんかと思ったらね、全然来ませんでした。今は携帯の番号を載せてますから、よう来ますよ」

携帯電話はプレイ用などとわけたりしない。仕事も私生活もプレイも同じ携帯電話で処理している。プレイ用の小道具を作るのは好きだが、小細工は嫌いなのである。

「そっち(電話)のほうが早いでしょ。夜はね7時を過ぎると電源切るんです。酒飲んでるときかかってきても鬱陶しいしね。なかなかつながりませんね〜と言われますけど」

さすが「さくさく」の人である。

「だいたい電話で話をすると、どんな人かわかりますしね。話は早いですよ」

そうやって知り合ったマニアは数知れず。

「僕は全然よう縛れへんから、縛りの上手な人とかね」

奥さんが頷きながら「大阪の人でおるんです、上手な人。全然痛くない。それまで何人か会いましたけど、痛い人もいます。私は縛りが好き、いうわけやないんですけど」

その言葉にご主人が「俺が見て興奮するから縛ってもらうんや」と言った。

行きつけのハプニングバーもある。奥さんが詳しく解説してくれる。

「あのね、ハプニングバーはね、いろんな方と出会って、話を聞くんですけど……この人が出してくれるから行かせてもらうんですけど……あれもいろいろありますね。システムが違うんやな。大阪は女の人中心で、女の人がやりたいようにしてくれるけど、明石はマンションの一室で、単独の男の人のオモチャになってしまうんでね、大阪のほうは安心して遊べるというかな」

編集Y氏が「奥さんもエッチ好き?」とズバリ聞く。奥さんは「まあ」と言い「嫌いやないですからね〜」と答えた。正直な夫婦だ。

「知らない人とエッチをするというのは?」

「まあ誰でも、内容は似たり寄ったりのことするわけじゃないですか。だから楽しくないかは、エッチをするまでの時間なんですね。お話するとだいたいその人の雰囲気がつかめるじゃないですか。雰囲気をつかめないままエッチすると、私もなんかね、気持ち良さも半減で。やっぱり大阪近辺の人は話も面白いんでね。そのテンションでエッチもしてくれるから。だけど西の方の人は口数が少ないんです。広島とか岡山とか。なんかおとなしいっていうたら変やけど」

ご主人が具体的な解説を加える。

「先週やったかな、西の田舎の人が来たんです。50代後半くらいかな〜。してるとこ見せてくれ、言うてね」

スワッピングの申し込みではなく、チェリー夫婦のセックスを見せてくれとの申し出だったらしい。

「奥さんが淡泊なんですと。まあ、引退寸前やね。だからなんかの刺激が欲しいと電話してきてね。こっちのホテルを取って、僕らが行って、してるところを見せてあげたんです。旦那さんが〝あと何年夫婦生活ができるかと思ったら、男として空しいものがある〟とかなんとか言うてました。で、ようよう妻を納得させて来ましたと」

ご主人の話を聞きながら編集Y氏が「えらい深刻なご夫婦ですね〜」と関西弁風な意見を言って頷いた。ご主人の話は続く。

「だけどね、改めて見せてくれと言われてもね〜。あんまり早くイッてしもうたら恥ずかしいしな。見せるのはいいけど、間が持たんぞと、なるべく腰を振らんようにしてね」

普段から「さくさく」を心がけているからこのような舞台は苦手らしい。チェリー夫婦がベッドの上で全裸でセックスをしているそばで、熟年夫婦は服を着たまま、行儀良く観賞していたという。

「途中で間を持たせるために、奥さんに指を入れさそうと思ったんだけど、そういう雰囲気でもなかったからな〜。途中で〝ほら、ここに入ってるでしょう。よう見てください〟なんか言うたりしてね」

どこまでもサービス精神旺盛なご主人。性に悩む熟年夫婦は喜んでくれただろうか。

「ある程度の刺激にはなったと思いますよ。まあ、たぶん最初で最後やろうね。あのご夫婦にとってああいう冒険は」

編集Y氏が「サービス精神が素晴らしい」と感心すると奥さんが言った。

「この人、上手ですよ。初めて会う人にも最初〝こんにちは〟って挨拶してから、いつも同じこと言うんです。私を差し出して〝どうですか、写真と見比べてどうですか〟って。〝いや〜ちょっと〟なんて言わないですよね」

気遣いは自他共に認めるところ。単独男性を呼んだときも、もてなす。

「相手の男性の起ちが悪いと、僕が風呂に行ったりね、長風呂して2人だけにしたり」

奥さんが「そんで、風呂場で人の声を聞いて興奮しとるんです、この人は」と笑う。

パソコンに詳しいというだけで、奥さんの相手をしてもらえる人もいる。

「こいつがね、体を張ってパソコンを教えてもらっとるんです。本当は嫌いなタイプの人なんやけどね」

夫の笑いに妻は「いや〜、私の裸の写真が入っとるパソコンやから、誰でもってわけにはいきませんからね〜」と苦笑い。

会ったことはないが、電話や手紙のやり取りをしているだけの遠方の人もいる。

「北海道の人にはね、こいつ（妻）の使用済みのパンティ送ってあげてます」

すぐに奥さんが反応した。

「なんかね、結果的に物々交換しとるみたいになってるんです。今年はメロンを送ってもらったな。年末には新巻鮭が届くんです。私は相手が誰か知らんのですけど、送ってくるということは、何かこっちから送ってるんやろうな〜と思うんですけど。パンティなんか、みんな捨てよるで」

言われたご主人「いやいや」と反論。「みんな、ねぶりよるらしいぞ」とニタリ。

「うそやろ！」

「最近よく電話してくる人おるやろ？」

「あの乳首をピンク色にするとかいうクリームくれた人か？」

「ちゃうちゃう、あれは東京の人や。パンティねぶる人は北海道の人や」

まるで夫婦漫才を聞いている錯覚に陥るほど、楽しい夫婦である。最後に、編集Y氏が改めて確認した。

「奥さんも、なんだかんだとボヤきながらも楽しんでますね～。オチンチン好き？」

「まあ好き……ですね～。困ったことに」

奥さんもまた正直な人であった。

コラム　マニアカップルは幸せなのか？

ネトラレマニアの男と結婚した女は幸せなのだろうか。そんな疑問を持つ人もいるかもしれない。今回、新書にまとめるにあたっては、成功例というか、お互い楽しんでいるなと思われる（あくまでもこちらの判断だが）カップルを採り上げた。だから本書に登場する人々は、きっと今でも幸せな夫婦（またはカップル）だろうと信じたい。

しかしネトラレの世界全体で見ると、そうと言い切る自信はない。ネトラレのハイレベルな遊びのひとつに《貸し出し》がある。これは文字通り、妻を他の男に一定期間、貸し出すのだ。手続きは、たぶん図書館で本を借りるよりも簡単。スワッピングなどのイベントで親しくなった男性に対して「妻を1週間ほど預けたい」とお願いし、その男性が頷けば妻には「○○さんのところでしばらく暮らしてこい」と命ずる。そうして妻がいなくなった1週間、夫は「妻は今頃、あの男とセックスをしているに違いない。俺という亭主がありながら……」などと妄想に耽る。そこで自慰行為に耽るかどうかは、人それぞれだそうだ。多くの男性は1週間我慢して、妻が帰ってきた日に「おまえという女は、夫がいる身でありながら他の男の家で何をしていた！」と怒りに震えながら妻を愛し、1週間たまった性欲をぶちまけるという。

それは成功例。貸し出しプレイを実践して、妻が帰って来ないケースもあるそうだ。約束の1週間後、帰ってくるはずの妻が帰って来ない。預け先の男性に連絡を入れると「もう帰りましたよ」と言う。ようやくつながった電話で妻は「もう、あなたにはついていけません」とひと言。これで人格が豹変してストーカーみたいになるような男はマニアとしては失格。帰って来ないかもしれないという不安感でいっぱいでも、やっぱり帰ってきたという事実が重要であって、帰って来なかったのはもともと信頼関係がなかったのだと。だからそんな遊びに手を出してはいけなかったという結論である。そうしたケースは少なからずあるという。

これは当事者から聞いたのではなく、別のマニア氏から聞いた話なので、本当にその世界の《あるあるエピソード》（妻が帰って来ない）なのかどうかはわからない。しかしレベルの高いネトラレ紳士たちが、貸し出しプレイを実践しているのは事実である。

妻のストレス発散法

ずっと優等生だった妻が、マニアプレイをする理由

投稿者　ジャバ

大学を主席で卒業した妻は
小学校から高校までずっと
学級委員長を務めていました。

お互い、名門進学校を卒業したエリート夫婦だが、実は夫は中学生の頃からSM雑誌を読み耽るマニアだった。対する妻は勉学一筋で20歳を迎え、出会った夫が初めての男性。大学時代に交際をスタートさせ、9カ月後にセックスをし、その4カ月後にマニアプレイを始めた。妻は子供の頃からの夢だった看護師となり、夫は家業を継いで安定した生活を送りながら、プライベート空間でアブノーマルな性生活を重ね、10年後に投稿という形で世に出た。妻はそんな非日常空間の自分を常に否定するが、夫に仕込まれた女体は勝手に反応する。夫は言う。「妻はおとなしいようでミーハーなんです。目立ちたがり屋さんなんです。だから本心ではこういう遊び、嫌いではないと思います」。40歳を間近に控えて、夫は熟した妻をさらにステップアップさせたがっている。

高校は5番、大学は主席で卒業した奥さん

雑誌に投稿されてくる映像の中に、奥さんの笑顔はない。いつもムスッとうつむき、不機嫌な態度にも見える。自分から夫や周囲の人間に、何かしら主張することはまったくない。ところが、いざプレイが始まると途端に淫らなご婦人に変貌する。遠慮なく、変な表現かもしれないが、のびのびと乱れている。上半身を麻縄で縛られて身動きができない状態に拘束され、股間をM字に開き、露わになった陰部にバイブレーターを受け入れ、そしてSMチックな言葉を浴びせかけられて、奥さんは悶絶しているのだ。

そんな投稿ビデオから推測すると、マニア夫婦のひとつのモデルケースが思い浮かんでしまう。すなわち、夫の変態趣味につき合っているけれども、本心は嫌で嫌でしょうがない。しかし長年仕込まれた肉体は熟れるほどに育まれ、心は拒否したい気持ちでいっぱいなのだが肉体はひどく反応してしまうという、いわゆるひとつのマニア奥様像。今や、理性を保とうと踏ん張る精神を押しのけて、先走る肉体が勝り、アブノーマルな快楽を求めてやまない変態妻となってしまったと、エロ本的な表現ではそんな図式だ。

編集M氏が取材で向かう新幹線の中で「気難しい奥さんかもしれませんね」とつぶや

いた。映像を観ている筆者も、編集長もその意見に同意した。今日は難しい取材になりそうな気がする……。漠然とそんな先入観を持って臨んだ取材だった。

取材場所は関西でも老舗と言われる某有名料亭。本日の対象は大人（紳士&淑女）だから、静かな場所で昼食を共にしながらゆっくりとマニア談義に耽ろうではないか、という段取りである。まず取材陣が先に店に到着。2人は少し遅れるという。関西マダムたちが集う店にむさくるしい男3人が暖簾をくぐる。番頭に案内されて入った上品な個室で、場違いな3人が小さくなって待っていると、ほどなくして女将に案内された夫婦がやってきた。障子が開けられ、まずはご主人が、続いて奥さんが入って来る。お互い、緊張ぎみに挨拶を交わして着席。

すぐにご主人が「僕らのようなおじさん、おばさんなんかでいいんでしょうか」と不安を口にする。雑誌を見れば若い男女が派手なプレイに興じているが、自分らのように粛々とSMプレイに興じる夫婦でいいのか、と言いたいのだろう。

編集長が奥様に興味を持ったこと、特にこの奥様はプレイを離れるとどんな表情を見せるのか、一度見てみたかったことなどを説明した。奥さんは目を細めて「そんな、普通ですよ」と明るく微笑んだ。取材陣一同「ちょ〜意外」的な驚きを持って言葉に詰まった。

（なんだよ〜、爽やかで上品な笑顔をした奥さんじゃーん）

取材陣3人が無言で確認し合う。その上、一目で聡明なご婦人を想像させる雰囲気を醸し出している。編集長のY氏が口火を切る。

「いやー正直、奥さんはもっとお固い人かと想像してたんですけど、すごく明るい奥さんなんですねー。聡明な雰囲気もあって……」

初対面の相手に対して、という状況を考えると失礼な第一声かもしれないが、編集長の素直な感想なのだろう。奥さんは「そんなことないですよ、ほんとに」と謙遜した。

ご主人に「奥さんは、相当に頭もよろしい方でしょう」と確認すると、嬉しそうに「けっこう……ですね」と心が弾んだような返事。そして、すぐに解説を始めた。それは妻を自慢するというよりも、尊敬しているといった口振りであった。

看護師である奥さんは、関西全域でも有名な進学校を卒業して某大学に入学。学校の関係者からは医学部への進学も勧められたほどだったが、昔からの夢だった看護師への道を選んだという。

「高校は5番で卒業し、大学は首席で卒業したんです」

ご主人が教えてくれた妻の学歴である。さらに遡ると、小学校から高校を卒業するまで学級委員長を務めていたという。まずは新学期になって最初に担任教師から指名され、2学期以降は級友に推薦されるという、優等生お決まりのパターンであったらしい。

家庭では、ひとり娘ということもあり厳しく育てられたという。学生時代、男性との交際経験はなかった。家柄として男女交際は御法度というわけではなかったようだが、本人がそれほど異性に興味を持たなかったらしい。いや、厳密には興味を持っていたのだが、それは偶像の世界への憧れだった。

「アイドルが好きでね、今でもそうなんですけど、当時も机の周囲はアイドルのポスターだらけだったみたいですよ」

ご主人が言う。妻が笑う。

「今でもそうとは？」

「今は韓流スターなんですよ」と妻が自ら答え「ミーハーなんです」と戯《おど》けた。（※この取材当時、世間は韓流ドラマの一大ブームだった）

「根っこは目立ちたがりなんです」と、ご主人の解説。マニア夫婦特有の表現だと思われる。見た目は地味に見えるのだが、世間の目に晒されるマニア行為は、本人としては満更でもないという意味だろう。だから、こういう世界への素質は昔からあった、と言いたいわけだ。続けて妻が微笑みながら言う。

「そうそう。目立ちたがりのミーハーなんですよ〜」

なんの取り柄もないプータローの小娘が言う台詞みたいだが、発言の本質が違う。小娘はそのまんま、奥さんは才女であることを包み隠すための隠れ蓑。金銭的にはどうかは知らないが、社会常識をわきまえた立派な家庭に育ったであろうことが、言葉の端々から伝わってくる。

対するご主人も関西の名門私大を卒業し、家業を継いだというエリートである。とはいえ、こちらもそんな育ちをひけらかすことなどしない素敵な紳士。いわゆるボンボンとは違う印象だ。つまりは、一般社会にごく普通に溶け込んでいる、できたご夫婦というわけである。

聡明な奥さんが「ずっと真面目でやってきたら、弾けちゃったんでしょうね」と、微笑みながら言った。投稿雑誌を読み込んでいるに違いない。IQの高い女性だから、きっとこういう雑誌を読む男は、こんな女性像を好んでいるんだろうなという、エロ本好きの男たちの妄想を理解しているような発言だった。

旦那さんが初体験

2人の出逢いは大学時代に遡る。お互い、誘われて参加した合コンで知り合った。そこで、男女それぞれのグループから「仲間うちで一番の堅物」と思われていた2人が、勝手にくっつけられるような展開で、交際がスタートしたという。

「僕は仲間に、向こうが（奥さんが）気に入ってるらしいから会ってやれよと言われ、そうかと。この人は逆に僕が気に入ってるからつき合ってあげたらと言われて、まあいいかなと、そんな感じでスタートしたんです。本格的につき合うようになって、わかった事実なんですが」

お互いが「惚れられている」と思い込んで交際を始めて、その9カ月後にセックスをした。なんとなく流してしまったが、「9カ月」という明確な記録が頭に刻まれているところが、高学歴な夫婦と言えそうだ。

奥さんにとって、ご主人は初めての男性だった。ご主人は「まあ、惚れられているんなら仕方ないか」と、交際を始めた頃のエピソードを語るが、そんなことを言っているわりに「まあつき合って、結婚するならこの人と決めてました」と本音を漏らす。あくまでも推測だが、おそらく一目惚れだったのだろう。妻の学歴なり、人格なりを語るときの尊敬を込めた口振りからしても間違いなさそうだった。

「それで、4カ月後にそういうセックスに走ったんです」

お互い背中を押されるように交際を始め、ノーマルな関係のまま結ばれた2人がそういうセックス（マニアプレイ）に走ったのは、もちろん理由があってのことだ。実はご主人、色気づいた頃から、そういう人だったのである。

「騙されましたね〜」

奥さんが明るく笑った。その笑顔の裏には幸福感も垣間見えるから「騙されて楽しい人生を送っています」とも読み取れる。

ずっと学級委員長を務め、秀才が集う名門高校をトップレベルの成績で卒業し、さらに大学は首席で卒業し、今の職場でも「仕事もできるし話もわかる」と若い看護師から尊敬の眼差しを向けられているという。そんな女性が「セックスが好きで好きでたまらないのよ～」とか「最近、忙しくてプレイを全然してくれないの～」などとは口が裂けても言うはずがない。表向きは、あくまでも「この人がどうしても、と言うから」とか「最初は嫌で嫌でしょうがなかった」と言い、仕方なくマニアプレイを続けていると言わんばかりの口振りである。そしてそのスタイルは、取材の最後まで崩れることはなかった。

話を元に戻そう。出会ってひと月後に交際をスタートし、9カ月後に肉体関係を持ち、さらに4カ月後にマニアプレイに走ったという夫婦のキャリアは、すべてご主人の説明である。まるで年表でもつけているような正確な歴史の刻み方だが（奥さんが5位の成績で名門高校を卒業したという解説もそうだ）、マニアの方々にはそういう人が多い。綿密な計画と、それに沿った進行。いわゆる、マメなタイプということになるのだが、過去の取材例から見て、そういうマニア魂を持った夫に愛されている妻は、例外なく幸福な顔をしている。だからこそ、妻は「夫がやれやれと言うから、仕方なくやってるんですよ～」と安心して、笑顔で言えるのだろう。

男女の仲になって4カ月後、ご主人が強引にスタートしたマニアックな遊びは、野外露出だった。とある公園で奥さんのエッチな姿を写真に撮り、その場でセックスをした。それ以降、徐々にエスカレートしていき、現在までに他人を仲間に引き入れた寝取られプレイまで発展している。といっても、それはこれまでに2組、計6回というから、キャリアから考えると極端に少ない。学生の頃からスタートして、現在は30代後半なのだから、キャリアとしては10数年なのだ。

その秘密を解き明かすのが、『ニャン2倶楽部』への、投稿に添えられた手紙にあった。その一部を紹介しよう。ご主人のマニアとしてのレベルの高さ（日常と、非日常を完璧にわけている常識人としての）がよくわかる

※

――初投稿させていただきます。写真は交際5年を経て、結婚10年になる妻です。彼女は現役の看護師で、交際当初はまだ学生で20歳でした。あまり積極的でない彼女を、ご機嫌を取りながら少しずつ撮りだめしてきたのが、これらのものです。現在、妻は35歳、私は37歳です。今回投稿することにしたのは、結婚10周年を迎え、その記念としてＯＫ

が出たからです。夫婦生活に少しマンネリぎみなところもあり、これが刺激になればと思い立った次第です。胸は小さめですが、独身の時より出産後の今のほうが痩せてスタイルは逆に良くなったと思います。（中略）プライドが高い妻なので、カメラに対しては嫌な顔をしているものが多いのですが、撮影後はかなり求めてきます。もし掲載され、要望があれば次は現役ナース服を着せて撮りたいと思います。よろしくお願いします——

※

ご主人は中学時代から『プレイボーイ』や『平凡パンチ』など、当時流行した青年誌などには目もくれず、こっそりとSM雑誌を読み耽っていたという。投稿雑誌の世界で言えば『ニャン2倶楽部』などの専門誌が生まれる以前の、『熱烈投稿』や『クラッシュ』など、知る人ぞ知るマニアックなエロ雑誌の愛読者であった。そして、学生時代から交際を始めた妻を相手に、ポラロイドカメラや巷のレンタルラボを使ってプライベート写真を撮りためていた。それを10数年後に公開したというわけである。

ちなみに、レンタルラボというのは、デジタル化の波が押し寄せる少し前にあった写真世界のビジネスのひとつ。一般的な街の写真屋さんでは、猥褻物頒布等の法律に違反する可能性があるとして、陰部が写ったフィルムはプリントしてくれなかった。そこで登場したのが「レンタルラボ」というビジネス。フィルムを現像&プリントする機械を店舗に置き、それを貸すシステム。「自己責任でお願いします」という前提で、店側は写っている中身には関知せず、客が勝手にエロ写真を現像&プリントできる店として、マニアの方々に重宝された。

ご主人は、そういうところで現像&プリントした妻の写真を、10年後に雑誌に公開したというわけである。

「一応、それなりの段取りは踏んできたつもりなんで……」

ご主人は言った。今どきの若者の感覚では「それなりの段取り、どころか遅すぎるよ」ということになるのかもしれないが、それだけ妻を大事にしている証拠だろう。

問題は奥さんの反応である。肉体は素直でも言葉は遠回しの奥さんが「奥さん、最初は嫌だったんですよね。いつ頃から受け入れるようになったんですか?」という質問に答える形で言った。

「だんだんと……いろいろされて、麻痺ではないけど、まあいいか、しつこいし、みたいなね」

　素敵な笑顔で答えてくれた。

「手紙には〝嫌な顔をしていますが、撮影後は求めてきます〟とありましたが。実際にはどうなんですか？」

「いやあ……」

　と言葉に詰まり、また笑顔を見せた。

　一般的に、夫婦による単独プレイ（露出プレイなど）がエスカレートしてから寝取られの世界に発展する。スワッピングは、一度だけ経験があるそうだ。これも一般的だが、ここで妻が拒絶反応を露わにする確率が非常に高い。夫が他の女とセックスする現場など見たくないという理由だ。奥さんはどうだったのか。

「旦那が隣で違う女といちゃいちゃしているという光景を目のあたりにして、どう思いました？　嫌ではなかった？」

　そんな質問に対して、奥さんは淡々と答えたのだった。

「なんか不思議というか、オーッ！　みたいなものはありましたけど……。受け入れたというか、しょうがないというか、こういう状況ではストップと言ったってできないから、まあ流れに身を任せてというか……」

ずいぶんと大人の発言である。

現在、2人は子育てもあり、お互いに仕事を持っていることもあって、ほとんどプレイの時間が持てないという。

「最近は、プレイのほうはどうですか」

という質問に対する夫の返答である。

「嫁さんの時間がないんです。子供もあれやし、なかなか家を抜けられない。そんなんもあって、ちょっとね。前にやった縛りのうまい人からメールも来てるんですけどね。またいかがですかって。でもそんな状況やから、悪いけどお断りしてるんです。だから今はそんな感じですかね」

やりたい気持ちはあるのだが、なかなかタイミングが合わないといった近況らしい。

対する奥さんはどう思っているのか。

「奥さん、プライドの高い学級委員長だから素直には答えてくれないと思いますけど、奥さんとしてはどうなんです？　最近、まったくプレイがない。そういう状況に何を思います？」

そんな編集長の質問に、奥さんは「どうなんでしょうね」と目を逸らした。

「ああ奥さん、今の目の逸らし方は、ちょっと不満を持っているって感じですね～」

編集長のサディスティックな問いかけに奥さんは「アハッ」と笑顔を見せたのだった。

肯定……と受け止めていいのだろうか。

ときどきは日常を捨てて弾けたい

奥さんの具体的かつ前向きな意思表示はまったく頂戴していないのだが、インタビュー現場は、いつしか「奥さんは編集部主催の《マニア撮影》に参加したがっている」という前提で話が進み出した。奥さん自身も言葉では言わないが「東京に行くなら日帰りでもいいし」といった発言も飛び出したりして、その気になっているらしい。

「この人（奥さん）はね、他人と比較されるのは嫌なんです。どっちかと言うたら、ひとりで虐められるのが好きなんです」

ご主人が「マニア撮影を実践するにあたって、どのようなシチュエーションがいいか」というテーマで話を進める。

「奥さん、そうなんですか？」

聞くと奥さんは、あっさり肯定した。

「主人にも比べられるし、他の人にも比べられるし、比較されるのは嫌なんで、他の女の人が入ってると嫌です」

ご主人が頷きながら補足した。

「男の中に放り込まれたら、腹を括るからいいけどな」

「女王様っていうのはどうです？」

「いやあ、あんまり……イヤですね」

編集部の提案は明確に否定された。

「相手をする男はおじさんより若いのがいいでしょ？　東京に来れば若くていい男系の撮影隊もいますから、いいかもしれませんね」

具体的な提案に、奥さんは気を遣う。

「もっと若い女の人のほうがいいでしょう」

「いやいや奥さん、奥さんのその上品で聡明な雰囲気に若い連中はみんなイチコロですよ」

「そうなんですか……」

ご主人が覚悟を決めたように頷いた。編集部員が次々と案を出す。

「ジャニーズ系はどうです？」

「そんな、いいです。普通の方で」

「ホスト系は？」

「いやいや、ほんとに普通の方で」

言い換えれば「普通の男がいい」ということになるのだろうか。

「そうですか～。いいホスト系がいるんですけどね～。じゃ、みんなに地味な好青年になるよう伝えときますよ」

編集長がそう言うと、奥さんは「いやもうほんとに……」と恐縮するばかりだった。

ご主人が会席料理を食しながら「選り好みしちゃいかんぞ」と言った。

「まあ、じゃ男の人選はうちに任せていただくとして……」

編集長が思い出すようにそう言い、言葉を続けた。

「ところで奥さん、イヤイヤじゃないですよね。楽しんでますよね？」

ここまで話が進んでいて、今さら確認かいと突っ込みを入れようとしたら、奥さんが先に、誠実な表情で「いや……」と言いかけてやめた。編集長が半ば強引に言葉を継ぐ。

「いや……だったら、ここまで来てないですよね～」

「はあ、まあ……」

どうしても明確に「私はマニア妻です」と認めない奥さん。しかし、言うことは立派なマニア妻である。

「というか、家だと日常じゃないですか。だからダメなんです。それやったら非日常的なところに行ってというか……」

編集部に行けば楽しめそうと言う意味なのだろうか。

「だから、やると決めたらホテルなりなんなりと別の場所に行って……じゃないとダメだっていうのはありますね。家ではふっと目を開けたら現実に戻っちゃうというか。たとえ目隠しをされてもここは家、家は家というか。自分を捨て切れない……」

「なるほど～。そうすると、ときどきは日常を捨てて弾けたい願望があるってことだ」

編集長の結論は筋が通っている。聡明な奥さんは、この場面では逃げ切れないと覚悟したのか「捨てたい願望は……あるんでしょうね」と認めたのだった。

「そういうとき、ホテルだとのびのびと日常を捨てられるってことですね？」

「そうですね。入った瞬間から違う人格になってる……それはあるかもしれませんね」

なるほど、謎が解けた。投稿ビデオで見せていたあの表情は、不機嫌でムスッとしていたわけではなく、ホテルに一歩足を踏み入れた途端に意識があっちの世界に行っちゃって、半ば放心状態の表情だったのだ。最初の手紙にもあったように写真でも笑顔は見せないが、あれは不機嫌ではなく、カメラを向けられて瞬時にあっちの世界に行っちゃってる顔だったのだろう。そう考えると、奥さんは実は初めからマニア妻として開花……いやいや、瞬時にハマっていたことになる。ご主人もまたそれを瞬時に見抜いて、ここまで来たのだろう。マニアの世界は奥が深い。

妻は注目されたいんです。虐められたいんです

ここは関西の某有名料亭。上品な大人のお客さんに混じって、個室とはいえ我々はマニア談義に熱中しているわけだが、さすがに熱中と言えるほど深い話はできていない。何しろ会席コースだから、次々と仲居さんがやって来て、料理を出し入れする。それでさっさと引き下がってくれたらいいのだが、有名な料亭だからか、料理の説明も事細かい。そういうわけで、いやらしい話を深く突き進もうとするたびに中断させられて「そろそろお時間です」と相成った。いやらしい話をする目的で個室を借りるなら、会席料理は選択しないほうがいいと学んだ取材だった。もちろん、それをもプレイと考えてスリルを味わうなら最適と言えるかもしれないが。

ここではとりあえず、奥さんを辱める系統のいやらしい話は諦めて、世間話に興ずることにした。もちろん、世間話と言ってもソフトなそっち系統ではあるが。

「ご主人はビデオも昔からそっち系（ＳＭ）を見てたんですか？」

「うん、そうですね。シネマジックとかアートビデオとか（知らない人が聞いたら、芸術系の用語かと思うだろうがアダルトビデオのメーカーである）。だけど最近はちょっと変わってき

ましたね。催眠モノが好きですね。自分の思いのまんまという。うち、自営とはいえ下請けですからね、支配欲があるんですかね」

と言って笑う。奥さんの韓流ビデオコレクションは膨大だそうだ。ご主人の解説。

「だからうちは、そういう意味では夫婦別々ですね。この人（妻）はそっちのビデオを観てる、僕は別の部屋であっち系のビデオを観てるって感じでね」

「奥さん、韓流スターでは誰が好きです？」

ちょっと知っている編集長が聞く。

「知らないと思うんですけど○○」

「う〜ん、わからない」

○○としたのは、別に実名を出したらマズいわけではなく、取材陣が誰も聞いたことがない名前で、確認の仕様もなかったのだ。

「でも意外ですね。奥さん、自他共に認めるミーハーだから、有名どころを挙げると思ったんだけど」

「あの……少女趣味と言われてしまうんですけど、背の高い俳優さんが、役柄でお金持ちの素敵な役を演じてると、その俳優にハマってしまうんです。そういう悲劇の御曹司の役をやってる男優を見てると〝素敵やわ〜〟と思ってしまうんです。アホやと思ってますけど」

「いや〜、素敵だ。好きな食べ物はケーキでしたよね（食事の途中で話題になったのだ）。そんで、SMAPの追っかけもやっていた。で、今は韓流。もうお見事としか言いようがない少女趣味、ミーハーじゃないですか」

「アホやと思います。成長してないんです」

「いやいや、あっちのほうはずいぶんと成長してるでしょう」

「いやあ、どうなんでしょう」

明るい笑顔だ。

「で、結論として、東京に（マニア撮影のために）来ますか？」

編集長の誘いに、ご主人が答えた。

「ワクワクしてると思いますよ」

すると瞬時に妻が否定する。

「何がワクワクなん。そんなことない」

「大勢の男たちと……そんな感じやな？」

「なんで私に振るのん」

「この人（妻）、見られるのが好きなんです。注目されたい。それで虐められるのが一番いいみたいですね」

畳みかけるご主人の提案に、奥さんは無言だった。

「まあ奥さん、うちの会社、高田馬場にあるんですけど、隣の駅の新大久保には韓流グッズがいっぱいありますよ。撮影が終わったあと、そこに行ってみたくないですか〜？」

編集長のカーブな誘いに、

「ああ、それだったら行ってもいいかな」

と、簡単には頷かないプライド高きマニア妻は、まっとうな理由を提案されて、ようやく嬉しそうに微笑んだのだった。

コラム　マニアの学歴

論理学の世界では「卵が先か、鶏が先か」という命題がある。そしてこの《ネトラレ》の世界においては「男が先か女が先か」という、永遠のテーマがある。個人的には五分五分という理解だ。女性の多くは「主人（または彼氏）に言われたから仕方なく」と言う。実際、写真や映像などの見た目、そこまでの行為の流れで見ると、そんなケースがほとんどだ。しかし、話を深く掘り下げて行くと「実は奥さん（または彼女）の旺盛な性欲、性癖を察した男性の側が、２人の円満な生活を考えてそんな方向に持って行ったのではないか」と思われるケースにもしばしば出会う。個人的には「どっちもどっち」というのが正直な感想だったのだが、話を聞くだけの人間としては、むしろ型にはまらない人たちの話だから、その都度おもしろく、この取材を長く続けられたと思う。

筆者はこの世界の取材はコアマガジンでしか仕事をしたことがない。その版元の撮影現場で信頼されているカメラマンにアリカワ氏がいた。彼は「性癖って、わりと幼少期の経験が大きく影響していると思うんですよね」と語っていた。アリカワ氏は某国立大学（当時）で心理学を学んだ人で、大学を卒業して大手広告代理店に就職したのだが、肌が合わずにすぐにフリーのカメラマンに転身したという経歴の持ち主。このインタビュー集でもたびたび登場する出張マニア撮影隊を仕切っていた人物だ。彼もまた《ネトラレ》の実践者だった。

エロに限らないと思うが、マニアの世界は余所者を受けつけない雰囲気を持っている。この世界（ネトラレ界）は特にそうで、私のようなノンケ（非マニア）が入り込むと毛嫌いされるのが普通なのだが、そうならなかったのは担当の編集各位の尽力と、古くからの知り合いだったアリカワ氏のおかげだったと思う。

そんな謝辞はあとにまとめるとして、ネトラレの世界にはいわゆる《インテリ》の人が多い。インタビューの現場では「私生活には必要以上には踏み込まない」という不文律があったので、正確な出身校名はわからない。しかし話の流れでの推測では、男性側、女性側とも偏差値の高いあの大学かな……と感じることも多かった。

論文などを発表してそこそこ世間に露出している某公立大学医学部の医者（若手のホープ）がいた。今回のインタビュー集には入っていないが、彼がホテルの一室で恋人のひとり（美人看護師）を全裸のまま縛り上げてその場に放置し、自身の性癖を語る取材現場では、なんだかなーと、複雑な心境になってしまったこともあった。しかし個人的に「ハイレベルなインテリ＝性的なこだわりを持った人が多い」という、個人的な統計学的感覚もあったので、こんなものかなと、思うことも少なくなかった。この取材は人生勉強の連続であった。

創刊当時の『ニャン2倶楽部Ｌｉｖｅ　Ｗｉｎｄｏｗｓ』の表紙。現在はインターネット上に簡単に投稿できる写真も、当時は投稿者と編集者の共同作業で初めて世に出るものだった。撮影現場に実際の編集部が使われることもあり、女性ひとりで編集部を訪れるという行為は、当時は相当に勇気が要る行動だったのだ。

輪姦願望を持つ彼女

僕の彼女は、恋人ひとりでは満足できない性の放浪者

投稿者 スクリーマ&乃亜

「他の男の人としてみたい」
そう彼女から言われたとき
「ついに来たか」と……。

30代半ばの男と20代後半の女。結婚の話が出てもおかしくない世代のカップルだが、ある日、彼女は彼に重大な告白をした。「他の男としてみたい」と。彼は驚かなかった。いつかこんな日が来るだろうと、出会った頃から感じていたという。彼は彼女の希望を叶えてあげるべく、あれこれ考えた。単なる浮気性であれば、こっそりと他の男と遊べばいい。しかし彼女がわざわざ恋人にそんなことを言う意味を考えた。彼は手探りの状態ではあったが、ひとつの方向性にたどり着く。以前から知ってはいたが興味はなかった、投稿系エロ雑誌の世界。その中でも一番過激で売れている雑誌を購入して、こんな世界があると教えてあげた。彼女は喜怒哀楽の感情を見せずに静かに、その雑誌に見入った。彼が「参加してみる？」と聞くと、彼女は静かに頷いた。

他人事の世界だと思っていた

「ついに来たか、と思いました」

ある日、彼は愛する彼女から「他の男の人と、してみたい」と告げられた。そのとき、彼は特に戸惑うことも、激怒するようなこともなく、黙って頷いたという。

彼は30代半ば。彼女、乃亜さんは20代後半。若いカップルだ。

「気配はずっとあったんです。特別な事件があったわけではないんですけど、出会った頃から、たぶんこの子はひとりの男で満足感を得られるような、器の小さい女の子ではないな、という感覚があったんですよ」

大好きな女の子と交際ができるようになって、こんなことを思う男子はそうはいないと思う。たぶん、彼もまた《ネトラレ》の素質があったのだろう。

「それで、どんな要求が来るのかな、アダルトビデオに出たいとか言い出すのかな……、というかエロの素人にはそれくらいしか思いつかなかったんですけど。でも、そう言われていろいろ調べ、素人さんが彼女や奥さんのエッチな写真を送って、それが掲載されて盛り上がっている雑誌が存在していると知り、こういう世界があるよと、提案したんです」

いろんな流れがひとつの方向に向いていた。彼は、当時のサブカルチャーに精通する文系男子だった。

「みうらじゅんさんが〝俺は『ニャン2倶楽部』の愛読者だ〟と言ってるのを知って、雑誌は見たことがあったんです」

『ニャン2倶楽部』は投稿系エロ雑誌の中で、当時もっとも売れていた雑誌ではあった。

「へえ、凄い世界があるなと。でも当時はAVなんかと一緒で他人事だった。そんな経験があったんで、ふと思い立って買ってきて、彼女に見せたんです」

色白で長い黒髪が眩しい清楚で寡黙な美少女……。そう言っても大袈裟ではない雰囲気の乃亜さんは、恋人が特殊なエロ雑誌を持ってきて「ほら、凄い世界があるねー」と言いながらページをめくるのを見ながら「ふーん」と、表向きは平静を装っていたという。

「それで、〝俺たちも写真を撮って送ってみようか？〟と提案したら〝うん〟と。迷いや戸惑いみたいなものはまったく見せず、即答でした」

乃亜さん自身にもそのときの心境を聞いたが「特に抵抗なく」と、無表情で言った。

2人は、仕事関係の出会いを経て恋人同士となり、しばらくは平穏な時間が流れていったという。しかし彼は常々、彼女に対して何かはわからないが、大きな見えざる力を感じ取っていた。それで「もしかして……ここ?」とスイッチを押してみた。正解だった。パンドラの扉が開かれた瞬間だった。

「だから最初は、雑誌に載っている他の投稿者のみなさんの作品を参考に、露出プレイとか撮って送っていました。それで〝おお、載ったよー〟と、僕的にはそれなりに喜んだりして。でも彼女は、興奮するとか特に目立った反応を見せるでもなく……。だからやっぱり、彼女が目指すところは、もっと大きな舞台なのかなと」

彼は自分から言い出すのはためらいがあった。投稿雑誌にエッチな写真やビデオを送るだけなら、一般的な恋人の、誰にも言えない密かな趣味で済む。しかしスワッピングや寝取られプレイとなると、段取りをつけるなど、それなりの大きなエネルギーが必要だ。自分ひとりでは済まないだろうと思っている彼女を前にして、果たして自分がそれに応えられる器を持った男なのだろうかと、自問自答の日々を過ごしていた。そんな頃だった。冒頭に紹介した彼女の「他の男としてみたい」という発言が、さらりと出たのは。

「他の男としてみたい」彼女の希望を叶えてあげる

漠然とした心構えはできていたつもりでも、実際に、現実の出来事として恋人から「他の男とセックスしたい」と言われて、素直な気持ちで頷けたのだろうか。

「まあ理解と言いますか……。なんとなくの覚悟はあったと思うし。それに、気持ちの整理などと言うより単純に、いったいどういう手段を使って知り合うんだろうという、素朴な疑問は持ちましたね。普通の人間の日常生活では、あんまりそういう展開ってないですよね。〝すみません、お宅の奥さんを貸して欲しいんですけど〟〝ああいいですよ、来週の水曜日なら空いてますんで〟とか。アパートの隣室のひとり暮らしの男性に〝今から彼女とセックスをするんですけど、良かったらご一緒にどうですか？〟とか。普通に生活している人間には、あり得ない妄想の世界ですよね？」

よくわかります。

「だから最初は戸惑いなんかより、凄く不思議な感覚でした。雑誌の中では、別荘を借り切って乱交パーティーをしている方々とか、若い男性を連れてきて、自分の彼女や奥さんと性行為をさせるとか、普通の生活では理解できない世界が、現実として行われている。

みなさん、どうやってそこまでたどり着いているんだろうと、不思議でした。僕にとっては異次元、まさにファンタジーな世界でしたから」

投稿系エロ雑誌に掲載されるようになり、異次元な世界に少し慣れてきた彼は、見えざる力に押されるように《マニア撮影》に応募することを決意する。

世の中は良くできたもので、どんな世界にも需要があれば、それを供給する人や組織が存在する。彼のような男たちのために投稿系エロ雑誌は《マニア撮影》という企画を設けていた。これは、こうしたカップルのために編集部が男優を含めた撮影隊を組み「愛する彼女や奥さんが見知らぬ男たちとセックスをする」という妄想の世界、ある意味ではファンタジーな状況を具現化してくれる撮影のことである。

「他の男性を交えると言っても、その手段を知らない。どうしたものか。それで雑誌の愛読者となって、マニア撮影の中でも、女性だけが単独で参加できる企画を知って。まあ編集部と言っても知らない世界の人たちには違いないんですけど、でもこちらから見たらまったく見知らぬ人たちでもない。ちゃんとした日本の出版の仕組みの中の流通に乗った雑誌を作っている会社でしょう。ある程度は素性がわかっている方々ですよね。

だから、まずはこの企画に応募してみようかと。そんなわけで、普通こういう世界は、男の趣味に女性が嫌々つき合うのがスタートだと聞くんですけど、僕らはそういう感じでした。だから男の意志で彼女を差し出すという感覚ではなく、彼女が興味があると言うから、じゃあやってみようかと……。そういう流れでした」

彼女の発する見えざる性の力に押されて、彼はついに寝取られプレイに足を踏み入れたのだった。

彼の目前で初めて他の男と性行為

最初は乃亜さんがひとりで《単独女性》として編集部を訪れた。単独女性とは、夫や彼氏の命を受け、女性がひとりで撮影現場にやってきて、待ち構える男たちといろんなことをして遊ぶプレイのことである。夫や彼氏は後日、編集部がそのときの一部始終を録画した現場の証拠映像を未編集のまま記録したＤＶＤを鑑賞する。

彼は初めて見た彼女の、他人とのセックスにどんな感情を抱いたのだろうか。

「新鮮な感覚でしたね。よく言いますよね。〝男は嫉妬に狂い、おまえはなんというはしたない女なんだと叱責しながらも激しく勃起し、妻を一晩中、男根で責め立てた〟とかいうエロ的な展開。嫉妬心が普段にも増して、男の性欲をかき立てるというか。でも、うーん、難しいですね。正直、そんな感情はなかったかもしれない」

愛の形は普通のネトラレ男とは違うというのだろうか。

「自分のストレートな感情よりも……、それよりも内容的に、本人が思い浮かべていた、輪姦とか精液まみれとか、そんな状況になっていなかったんでね。たぶん、不満なんじゃないかと思ったのが、正直な感想でした。いい経験はしたけど、満足度で考えると、たぶん彼女は満足していないだろうな、とは思いました」

自分がどう興奮したか、不満を持ったかではなく、あくまでも彼女の気持ちが優先。

「いやー、力不足ですみません」

このときの撮影隊の一員でもあり、今回の取材の仕切り役である編集Y氏が頭を下げた。彼も、あーそんなつもりでは、と言わんばかりに焦って「ああ、すみません」と頭を下げた。

撮影隊の力量不足はさておき、ポイントはやはり2人にとっての寝取られプレイは、彼が満足する行為なのではなく、彼女が満足する行為を目指している点であることは間違いなさそうだった。

「でも映像の中で、撮影隊の人に言われたわけでもないのに、自分から積極的に男の人を愛撫してあげるようなシーンもあったんで、ああこういうこともするんだという新鮮な驚きはありました」

彼は穏やかな表情で言った。

「それに、満足感はさておき、これでひとまず彼女の願望は叶ったんだという達成感もありました」

そんな《単独女性》プレイを数回やって、この取材の日は初めて、彼氏が見ている目の前で、彼女が他の男とセックスをするというプレイを実行した。このインタビューは、その直後にカラオケボックスで行われたものだ。

今回、乃亜さんの相手をしたのは元ＡＶ男優だという男性。１時間にも及ぶ挿入で、彼女は数え切れないくらいの絶頂を迎えたという。とても気持ち良さそうだったそうだ。しかし、それはあくまでも外野で見ていた撮影隊の感想だ。彼自身はどんな感想を持ったのだろうか。

「いやあ、凄かったですね。やっぱりプロの方というのは普通ではないですね。僕は邪魔にならないように見せていただきました。見る前は、いわゆる嫉妬とかなんとかっていう感情が生まれてくるのかという思いもあったんですけど、なんかそういう感情を通り越した凄さがありましたね」

こういう感想を聞かれて、強がりなことを言う男性もいる。しかし彼は、無理をしている……という印象ではなかった。彼女はどうだったのだろうか。初めて彼の目の前で他の男とセックスした感想は？

「気持ち良かったです」と微笑んだ。これも印象としては、素直な雰囲気だった。

取材陣の前だからかもしれないが、彼女は口数の多くない女性だ。だから清楚に見えるのだろうか。しかし実際に詳しく聞いてみると、彼女はスポーツインストラクターだと言った。清々しいほどのアスリート魂を持った女性なのだ。うじうじすることもなければ「彼がやれというから仕方なくやっている」といった女々しい嘘はつかない。それでいて、どこかで人見知りの雰囲気を持っている。

「気持ち良かった?」

「はい」

「でも1本では足りないんじゃないですか?」

エロ業界特有の表現だ。1本=男優ひとりという意味。

「はい。もう2、3本あればなお良かったかも。でも今日はとても楽しかった」

「満足できましたか?」

「はい。とても」

正確に言えば、実際になされた会話そのものではない。途切れ途切れの彼女の発言をつなぎ合わせたものだ。そういうわけで、見た目には清楚な女性が、聞かれたことに対して気恥ずかしさを全面に出して、もごもごとつぶやくような印象なのだが、語った内容は隠し事など嫌いな体育会系女子の堂々としたエロ発言であった。

彼女は性の放浪者

交際を始めた頃、彼が彼女に対して「自分ひとりに満足するような器の小さい女の子ではないな」と感じたのは、それなりの理由があった。出会った頃、彼は新しい交際がスタートしたという感覚は持てなかったという。

「彼女と出会って、男女の関係になってからもしばらくは交際しているという感覚は薄かったんです。たまに会っても、課外活動みたいな、他の男の話がちょいちょい出てきていたんで。だから……厳密に問い詰めるようなことはしていないんですけど……たぶん初期の頃はまだソロ活動を頻繁に行っていたんじゃないかなと思います」

彼女はうんうんと頷きながら「悪いヤツだ」とつぶやいた。見た目は清楚系、発言内容は体育会系、ノリはオタク風という不思議な女性である。

2人が意気投合してこういう関係になったのは、大きな括りで見ると、お互いの思考回路が近かったことにあるという。どちらも当時のサブカルチャーに理解があった。特に彼女は、ボーイズラブやエロゲーなどが好きだという。オタク女子の最前線だ。

「だから僕に対して彼女が興味を持ったのは、自身の趣味に近い同じ臭いを放っていたからなのかなと……最初はそう思っていたんです」

しかしそうではなかった。

「でも違ったんですね。まさか、性欲方面での賛同者としての受け入れだったとは夢にも思いませんでした。だから、そうですね、最初は僕は彼女の汁男優のひとりでしかなかったのかもしれない。出会った頃から〝オナニーするくらいなら性行為のほうがいいや〟みたいな彼女だったんで。こっちは彼女を満足させようと汗水垂らしてやってるのに〝オナニーよりはマシ〟ですからねー」

彼女は言葉で言い訳をするような女々しい人間ではない。男らしさを秘めた美女なのである。あくまでも正々堂々と向き合う。だから彼のそんな発言に対しても特に否定的な言葉にも、表情にも出さずにニコニコと笑みを浮かべるだけだった。

「そんな関係からスタートしたんでね。正式な交際宣言みたいなものは特になく、たぶんひとり落ち、次も落ちて、そして最後に僕が残った。そんな感じだと思いますよ」

淡々と語る彼。なんと器の大きな男なのだろうか……。同性としてはそう思うのだが、彼女は実際にはどう思っているのだろうか。彼の魅力を聞いた。

するとひと言「引かなかったから」とつぶやいた。普通の男であれば、そういう女性の話を聞いたら引く。けれども彼は引かなかった。むしろ興味を持って接してくれた。

そういう意味だろう。彼が「引かなかった」という彼女の発言を受けて話を補足する。

「最初から、違和感はありました。いわゆるノーマルな女の子と比べると、何か違うものを持っているなと。でも彼女は具体的に何をどうしたいという感覚を、自分で形にできていなかったんで。何かしたいんだろうな、でもそれはなんだろうな、どうしたいんだろう、そういう普通とは違う女の子のオーラは感じていました。なんとかしてくれ、というような助けを求めているようなものを感じたんで」

彼女は性の放浪者。自分の居場所を探し続けて男たちと対戦してきたに違いない。それは単純に肉体の相性のいい男を求める旅とは違う。人生とは？　セックスとは？　人間とは何か？　彼女の内面にはそういう求道者の感情が渦巻いているのかもしれない。そして出会ったのが、目の前にいる彼氏なのだろう。そんな感想が取材陣から出ると、彼女は目を見張った。

「ああ、気づかなかったー。たぶん本能で探していたのかも」

そんなことをオタク女子風な軽いノリで言い、何度も頷くのだった。

触手系エロ漫画で開眼する

彼女が彼に対して「引かなかった」ことを評価したのは、単に過去の男性遍歴についてだけではない。そのずっと前、小学生の頃からの性癖を聞いても「へえ、そうなんだー」と受け入れてくれたからだ。そんなスケールの大きな女性だと知れば、当然のことながら幼少期の体験談を聞きたくなる。

「乃亜さんは子供の頃からエッチな女の子だったんですよね？」

彼女は無言だった。以前編集部で行われた撮影の際、雑談風の短いインタビューの中で、彼女は子供の頃の性体験を語っていた。だから無言は「前に話した」という表示なのかもしれない。

インタビュアーはこの日が乃亜さんとは初対面。実際には明るい開放的な美女なのだが、心を開いていない相手には警戒心が働く。それは、過去に出会ってきた男たちに「実は……」と、意を決して話した過去の体験や性癖についての話題に、引かれた過去があるからなのかもしれない。

言い淀んでいる彼女に対して、彼が無言で頷きながら手のひらを上向きにして、彼女に向けて差し出した。さあ語って差し上げなさい、という意味だろう。

彼女はそんな彼とアイコンタクトを取り、そしてぽつりぽつりと語り出した。

「インパクトに残っているのは、どっか親戚の家だったたか知り合いの家だったたか忘れたんですけど、そこで縛られたお姉さんの写真が載ってる雑誌を見て……。うわー、なんだこれって、衝撃を受けた記憶だけは残っています。まだ10歳にならない頃です」

小学校3、4年生の頃のエピソードのようだ。

「見てはいけないものを見てしまったと思ったんだけど、でも見たいと」

同時期に、年の離れた兄の部屋でエロ系の漫画や雑誌を発見する。

「漫画とか水着や裸の女の人が載ってる雑誌とか」

兄の部屋でアダルトビデオも観た。本能的にエロの臭いを嗅ぎ取ってビデオデッキのスタートボタンを押した。テレビ画面にバーンとセックスシーンが飛び出してきた。

「観たことがバレないように、最初の分数のところまで戻しておきました」

なかなかの知能犯である。その頃にお兄さんの部屋で見た漫画で一番印象に残っているのは《触手モノ》だったそうだ。得体の知れない細長い触手が無規則に這い回り、毒々しい粘液を吐き出しながら、女性の体に絡みついていく……。そんなエロ漫画のジャンルだ。

「衝撃を受けました」

大人の女になり、大勢の男たち（のペニス）に囲まれてザーメンを浴びるというシチュエーションを望むようになる原点がそこにあったのかもしれない。

そんな早熟な女の子だったが、初めての男性経験は「大学1年生のとき」と、同世代の中では遅めだったという。しかしこれにもその手前となるエピソードがあった。

「初体験はいつだったんですか？」

そんな質問に彼女は「どっちを言えば……」と彼に向いて助けを求める。初体験の話題に「どっちの？」という二択があるらしかった。

助けを求められた彼は「小学生のとき携帯用のスプレー缶を使って自分で貫通したという話と、大学生のとき生身の男性を相手にしたという、2つの初体験があるみたいで」と代弁してくれた。そして「ずっと、スプレー缶がお友達で、後ろも試していたそうです」と話を補足してくれた。

「小学生にしてお尻も？」と確認する。何度か会って雑談としてエロ話を聞いている撮影隊も初耳だったようだ。それに対して彼女は「はい。普通に入りました」とサラリと答えた。

彼はそういうエピソードを最初から聞いていたのだろうか。

「そうですね。最初に、いきなり全部というわけでなく、徐々に、少しずつ」

大学生になり、1歳上の学生を相手に初めての体験をしたとき、いわゆる出血みたいなものはなかった。痛いという感覚もなかった。当然と言えば当然なのかもしれない。だから最初、その相手の男性は、彼女が初体験だとは気づかなかった。あとになって言葉で「初めてだった」と言っても信じてもらえなかったという。

その彼には、小学生の頃のスプレー缶の思い出は言わなかった。

「さすがにその人は普通の人っぽかったんで、言えなかったです」

乃亜さんはサラリと言った。

その後、彼女の本格的な性の旅は続いた。ときにはSM緊縛好きの中年紳士との激しいアブノーマルな行為も経験した。しかし、そういう「俺は変態だ。普通の男とは違うセックスを教えてやるよ」という雰囲気を醸し出している男に対して、心を開くことはなかったという。そんな経験を積んで現在に至ると、言葉は途切れがちながら、内容としては、はっきりと答えてくれた。

彼女を囲んでいた取材陣がみんな、現在の恋人である彼が「この子は自分ひとりで満足するような器の小さい女の子ではないな」と思った、その瞬間を体感したような気がしたのだった。

「あの頃は何も考えずに行ってたから……」

彼女は今度はポツリとつぶやいた。彼はそんな女性と出会い、見えざる力に導かれるように《ネトラレ男》のポジションに収まった。

彼女がいつか自分の手の届かない所まで行ってしまうのではないかという不安はないのだろうか。彼はためらいなく言った。

「仮にもし相手がいいモノを持っていて、男としての器も大きくて、結果的に乗り換えられたとしたら、まあ僕の限界はそこだったんだなと。仕方がないと思いますよ」

なんという器の大きさなのだろう。唸るしかない。いや、というよりも好男子の印象を受ける彼であれば、他にもいくらでも相手はいると思うのだが。もう少し楽な彼女でも良かったのではないか……。乃亜さんに対しても大変失礼な質問だとは思ったが、遠慮せずに聞いてみた。

「あはっ、楽な……。うーん、どうなんだろう、意味がわからないというか……」

すみません。恋愛は当事者同士の相性の問題。息子に自分の好みを押しつける金持ちのバカ親みたいな質問でした。深く反省します。

最後に、というか当然のごとく、今後の2人の行動が気になる。これからどう進むつもりなのかと聞く。彼は「ここでは終わらないでしょうね」と、当たり前と言わんばかりの顔で言った。

「乃亜さんはどうなんです？　世の中のチ○ポを全部味わってみたいとか、そういう欲望はありますか？」

半分、シャレでそう聞くと彼女は「海を越えて行きたい、みたいな」と笑った。冗談のようにも聞こえるが、ここまでの流れからしてたぶん本心なのだろう。白人、黒人……。

「彼女はそう言ってますけど？」と再び彼に話を向けると、今に始まったことではないと言わんばかりの達観した表情で彼は言った。

「そうですね。体を壊したりしない範囲で、協力できることがあれば協力したい。まだどんな引き出しを持っているかわからないけど、本人が望むことであれば」

世界は広いが、ここにはもっと器の大きな男がいる……。思わずそんなことを感じてしまう、彼氏の存在感だった。

あとがき

　素人系投稿雑誌の登場は１９８０年代半ば頃だ。それ以前から、スワッピング誌として『ホームトーク』（ホームダイヤモンド刊）などがあったが、それはどちらかと言えば文通コーナーの大人版のスタイルで、純粋に夫婦交換の相手を探す人たちのための雑誌として存在していた。目線入りの写真を掲載するのは、基本的には奥さんや夫婦のスナップ写真程度であり、「うちの奥さんはこんな感じですが、どうですか？」といった、いわば自己紹介のための写真という位置づけが一般的だったと思う。

　一方で、そんな密かな世界とは別に、投稿系エロ雑誌というジャンルが確立しつつあった。１９８１年に登場した『ＦＯＣＵＳ《フォーカス》』（新潮社刊）により、写真誌というジャンルが誕生すると、アダルト系出版社も即座に反応する。エロ色の強いいくつかの写真誌が出る中で、アイドルの私生活の隠し撮りを目玉にした雑誌が部数を伸ばして行く。『投稿写真』（考友社出版、のちにサン出版刊）や『熱烈投稿』『スーパー写真塾』（少年出版社、のちにコアマガジン刊）などが代表誌で、カメラ小僧と呼ばれる素人カメラマンたちが活躍した。アイドルだけでなく、野外イベントでのキャンペーンガールや女子アナたちのちょっとしたセクシーな瞬間を追い写真を撮る、それらカメラ小僧たちの投稿で成り立つジャンルの雑誌だった。

その後、チアガールの股間アップや公衆の場で若い女性のスカートの中を隠し撮るなどエロ色が強くなっていき、投稿雑誌は犯罪すれすれのジャンル（当時はまだ雑誌に対してそのような写真を明確に犯罪であると認定することはなかった）として認識されるようになっていく。そんな隠し撮りのような方法論とは別のジャンルのひとつとして《素人ニャンニャン写真》が登場する。

ニャンニャン写真という言葉は『FOCUS《フォーカス》』が掲載した一枚の写真による。元アイドルの未成年女優が、ベッドの中でセックスのあとの美味しい一服と言わんばかりにタバコをくゆらす写真が流出。掲載した『FOCUS』は、女優がアイドル時代に歌ったフレーズの一部を引用して記事中に「二人仲良くニャンニャンしちゃった後の、一服」と記載。これにより隠語的に「セックス＝ニャンニャン」という認識が広まった。

そんな投稿雑誌のコーナーとして誕生した素人ニャンニャン写真は人気を博し、それを専門とする雑誌も登場するようになる。今回収録したインタビューを掲載したコアマガジンの『ニャン2倶楽部』もその一冊である。ちなみにこの雑誌名は正式には「ニャン」の二乗で「ニャンニャンクラブ」と読むのだが、当時の雑誌でも記事中に二乗を表記するのが困難なこともあって「ニャン2」（ニャン・ツー）として、業界ばかりでなく一般読者にも認識されるようになっていった。

専門誌となったそれらニャンニャン系にはアダルト系出版社の多くが参入し、しかも同じ会社から異名同種の雑誌が次々と出されて一大ジャンルとしてアダルト業界に君臨。最盛期には、全社全誌を合わせると、月単位で百万部は流通しているのではないかと言われるほどに成長し、一時代を築いた。

そうなってくると、そもそもの目的が薄れてきても仕方ない。アダルト雑誌、いわゆるエロ本としての投稿雑誌は、あくまでも素人さんが参加する世界である。普段、まっとうな仕事に従事している人々が、束の間の余興として投稿雑誌に関わる。それが刺激となって、私生活、特に夫婦生活がより円満になる……。そんな展開が理想である。少なくとも、制作する側のそもそもの目的にはそんな理想像があった。

ところが、投稿というエロのジャンルが一大産業になると、出版社だけでなく、投稿者の中にも「ビジネスチャンス」と捉える人々が現れるのも自然の流れだった。

全盛期にはアダルト系の出版社全体で十指に余る投稿雑誌が発売されていた。そこには掲載料や謝礼金といったお金が発生する。そのすべての雑誌に写真や映像を送り、その多くが掲載されたとすると、月単位で10万円を超える掲載料を稼ぐ人々が現れるようになっていった。

本書でインタビューを受けてくれた投稿者は、基本的には《趣味》が大前提の方々だったので、掲載料の使い道は「次の写真・映像への投資金」（衣装を買ったり、温泉旅館に宿泊して背景を工夫したり）と語っていた。実際、その通りだろうと思われる方々ばかりだった。

そもそも投稿者は、私生活について根掘り葉掘り聞かれることを嫌った。なんの得にもならないからだ。密かな趣味として参加しているのに「取材させて欲しい」「私生活のことを具体的に教えてくれ」などというインタビューは、投稿者にとっては迷惑この上ない話である。もしそんな特殊な趣味が自分の身の回りの人々に知られたら困ったことになるのは目に見えている。そこを担当編集者が口説いて、なんとかインタビューに持っていくというケースがほとんどだった。

筆者はそんな編集者が用意してくれた平和な趣味の世界にいる投稿者との出会いしかなかったが、接点を持つことがなかった投稿者の中には強者もいたことは否定できない。

女性の裸、セックスはいくらでもビジネスになる。たとえばスワッピングでも、ホテルのスイートルームを借り切って参加者を集め、割高な参加料を徴収すれば、ある程度の利益が出る。スワッピングと称して、実はセミプロの女性を用意して、有料の乱交パーティを開催する者もいる。そんな人々が警察のお世話になるというニュースを少なからず見てきた。自分の妻のセックス映像にモザイクをかけ、自主制作AVとして売り出す猛者もいた。

また投稿雑誌を出版するにあたっては、いくつものリスクを伴っていた。一般のアダルト雑誌と同じように「猥褻物頒布等」の疑いで当局のお叱りを受けることは、少なからずあったと思う。それにプラスして、投稿系エロ雑誌はリベンジポルノに利用されるリスクも伴っていた。未成年ポルノの問題もある。投稿作品の掲載にあたっては、パートナーの自筆による承諾書を求めるのは当然なのだが、それが偽造だったら……。恋人の女性が20歳と書いてはあるが、実は未成年だったら……。このジャンルの編集者は常にそんなリスクと向き合っていた。

そんな強者もいる世界の中では平和なタイプと思われる、ピュアなネトラレマニアの人々をインタビューするにあたっても、そんなリスクを背負った編集者の苦労があって成り立つことだったのは確かだった。

雑誌『ニャン2倶楽部』を立ち上げて、ひとつの時代を築いた編集長の夏岡彰氏、マニアという警戒心の強い人々の尊敬を集めて取材班の信用を高めてくれたカメラマンのアリカワ氏、投稿者に対して誠実に対応して信頼と実績を積み重ねていった歴代の編集者のみなさん。そんな方々のおかげで筆者は10数年間、人間という生き物の幅広さを実際に見聞きして、目から鱗が落ちるような経験をすることができたと思う。そして取材を受けてくださったネトラレマニアのみな様、すべてに感謝します。

荒玉みちお（あらたま・みちお）
1963年生まれ。アダルト系素人投稿雑誌『ニャン2倶楽部』シリーズ各誌で連載されたインタビューの執筆を担当した。インタビューをまとめたマニア関連の著書では他に『目線の恋人』（ソフトマジック）、共著『マニアの愛し方』（ブブカ編集部編／コアマガジン）がある。また個性あふれる地下業界人のインタビュー集『異才の女』（コアマガジン）なども出版している。

本書は株式会社コアマガジン発行の『ニャン２倶楽部Ｌｉｖｅ　Ｗｉｎｄｏｗｓ』誌上に掲載した記事を加筆・修正したものです。初出は以下の通りです。
「撫子」2014年1月発売号
「ジュニア＆ノンちゃん」2013年9月発売号
「プートライ」2014年5月発売号
「チェリー」2006年9月発売号
「ジャバ」2006年7月発売号
「スクリーマ＆乃亜」2014年3月発売号

寝取られたい男たち
僕たちが愛する女を他人に抱かせる６つの理由

2018年1月30日初版第1刷発行

著　者—荒玉みちお
発行者—松岡利康
発行所—株式会社鹿砦社（ろくさいしゃ）
●本社 / 関西編集室
兵庫県西宮市甲子園八番町2-1 ヨシダビル301号 〒663-8178
Tel. 0798-49-5302　Fax. 0798-49-5309
●東京編集室 / 営業部
東京都千代田区神田三崎町3-3-3 太陽ビル701号 〒101-0061
Tel. 03-3238-7530　Fax. 03-6231-5566
URL http://www.rokusaisha.com/
E-mail 営業部○ sales@rokusaisha.com
編集部○ editorial@rokusaisha.com

装　幀　鹿砦社デザイン室
印刷所　吉原印刷株式会社
製本所　鶴亀製本株式会社

Printed in Japan ISBN978-4-8463-1219-0 C0095